Sadhu Arunachala (A.W. Chadwick):

Ramana Maharshi: Erinnerungen eines Sadhus

**Books on Demand GmbH**

# Sadhu Arunachala (A.W. Chadwick)

## Ramana Maharshi:

Erinnerungen eines Sadhus

übersetzt von
Gabriele Ebert

**Bibliografische Informationen der Deutschen Bibliothek**
Die Deutsche Bibliothek verzeichnet diese Publikation in der
Deutschen Nationalbibliografie; detaillierte bibliografische Daten
sind im Internet über http://dnb.ddb.de abrufbar.


Sadhu Arunachala (A.W. Chadwick):
Ramana Maharshi: Erinnerungen eines Sadhus
2. Auflage 2017
Titel der Originalausgabe:
Sadhu Arunachala (A.W. Chadwick): A Sadhu's Reminiscences of
Ramana Maharshi, 8th ed. – Tiruvannamalai, 2012
Herstellung und Verlag: BoD – Books on Demand, Norderstedt
ISBN: 978-3-7448-3414-8

Umschlaggestaltung: BoD
Fotos mit freundlicher Genehmigung des Sri Ramanashram
Printed in Germany

*Ramana Maharshi*

# Vorwort der Übersetzerin

Der Engländer Alan Chadwick, der sich später „Sadhu A-runachala" nannte, diente im Ersten Weltkrieg als Major in der britischen Armee. Durch Paul Bruntons berühmtes Buch „A Search in Secret India" hörte er zum ersten Mal von Ramana Maharshi. Er erkannte in ihm seinen seit langem gesuchten spirituellen Meister. 1935 reiste er zu ihm nach Tiruvannamalai in Südindien, ohne zu ahnen, dass er nie wieder in seine Heimat zurückkehren würde.

Gleich nach seiner Ankunft im Ashram fand er zu einer Vertrautheit mit dem Maharshi, die in ihrer Art einmalig war. Sri Ramana verhielt sich ihm gegenüber ausgesprochen offen und interessiert. Sie führten lange Gespräche miteinander, was sehr ungewöhnlich war, da der Maharshi normalerweise wenig mit den Besuchern sprach. Auch war es nicht üblich, dass ein Besucher für längere Zeit im Ashram wohnen durfte, doch Chadwick wurde ganz selbstverständlich Dauergast. Man baute für ihn das erste private Häuschen auf dem Ashramgelände. Den Grund für diese bevorzugte Behandlung kann man in einem Ausspruch Sri Ramanas finden, der über Alan Chadwick folgendes sagte: „Chadwick war schon früher [in einem früheren Leben] bei uns. Er war einer von uns. Er trug den Wunsch in sich, im Westen geboren zu werden, und das hat sich erfüllt."

Nachdem Ramana Maharshi 1950 gestorben war, verließ er den Ramanashram nicht, wie so viele andere, sondern blieb bis zu seinem Tode dort. Er starb kurz vor dem Osterfest 1962. Seine letzten Worte waren: „Ich weiß, es sind noch fünf Tage, aber es ist schon Ostern." Man begrub ihn mit allen Ehren wie einen Hindu-*Sadhu* im Ashram.

Major Chadwicks Büchlein muss deshalb für alle, die sich mit Ramana Maharshi befassen, von Interesse sein. Es vermittelt dem Leser einen intimen Blick in das Leben des Maharshi und in die vielfältigen Geschehnisse im Ashram jener Tage. Chadwicks spirituelle Betrachtungen zeugen von Reife und Verstand und sind eine gute Hilfe, die Lehren Sri Ramanas besser zu verstehen. Auch zeigt er ein gesundes Maß an Kritikfähigkeit und war in seiner Treue zu Bhagavan einer, der den Mut fand, auch auf Missstände und falsche Deutungen der Lehre seines Meisters aufmerksam zu machen.

Ich habe der Übersetzung hin und wieder einige erklärende und ergänzende Fußnoten sowie einen kurzen tabellarischen Abriss des Lebens von Ramana Maharshi beigefügt, um die Orientierung und Einordnung der Ereignisse für den Leser zu erleichtern. Das ursprüngliche Glossar von Alan Chadwick habe ich erweitert. Sämtliche im Text *kursiv* gedruckten Sanskritbegriffe finden sich dort erläutert.

Chadwick selbst hat betont, dass sein Buch weder chronologisch noch vollständig ist. Deshalb ist es sinnvoll, zunächst eines der biografischen Bücher (s. Literaturverzeichnis) zu lesen.

Mein besonderer Dank gilt Sri V.S. Ramanan, dem Präsidenten des Ramanashram, der seine freundliche Zustimmung für diese Übersetzung und den Abdruck der Fotos von Sri Ramana und Arunachala gegeben hat. Die Fotos vom heutigen Ashram stammen von mir.

Ich möchte mit demselben Wunsch schließen, mit dem auch Alan Chadwick sein eigenes Vorwort beendet hat:

„Möge das Büchlein ein Licht sein, das wenigstens ein paar Leser zu Bhagavans Füßen führt."

Gabriele Ebert

# Vorwort von Alan Chadwick

Venkataraman, der spätere Ramana Maharshi, wurde Ende 1879 geboren und starb im April 1950. In seiner Heimat Tamil Nadu und in anderen Teilen Indiens war er sehr bekannt und hatte in Europa und Amerika eine beträchtliche Anhängerschaft.

Er war ein vollkommen selbstverwirklichter Weiser, was bedeutet, dass er sich seiner Einheit mit dem namenlosen Höchsten immer bewusst war, obwohl er wie ein normaler Mensch handelte und reagierte. Seine körperliche Verfassung unterschied sich in nichts von der unseren, außer dass er vielleicht schwächlicher war als eine gewöhnliche Person.

Geboren wurde er in einem kleinen Dorf etwa 32 km von Madurai entfernt, wo er die ersten Jahre seines Lebens verbrachte. Nach dem Tod seines Vaters zog er zu seinem Onkel nach Madurai. Er war ein normaler Junge, der gerne spielte, doch am Schulunterricht nicht sehr interessiert war. Wenn er aufpasste, konnte er sich aber alles sehr gut merken.

Sein Schlaf war ungewöhnlich tief. Einmal musste man die Tür zu seinem Zimmer aufbrechen, bevor man ihn aufwecken konnte. Seine Freunde nutzten diesen ungewöhnlichen Umstand aus. Wenn er schlief, zerrten sie ihn aus seinem Bett und nahmen ihn mit sich. Sie schubsten ihn hin und her und stellten alles Mögliche mit ihm an, was sie nicht gewagt hätten, wäre er wach gewesen. Er war nämlich ein für sein Alter kräftiger Junge und sehr wohl in der Lage, sich zu verteidigen. Meiner Meinung nach muss zwischen seinem tiefen Schlaf und seiner späteren Selbstverwirklichung ein Zusammenhang bestanden haben, da darin seine gewaltige Konzentrationsfähigkeit zum Ausdruck kam.

An Religion war er nicht sehr interessiert, wenn er auch die für jeden Hindujungen üblichen Tempelbesuche machte.

Für seine Familie war er eine ziemliche Enttäuschung. Sie rechnete damit, dass er im Leben gut vorankommen, eine einflussreiche Stellung erhalten und damit zum Familienunterhalt beitragen würde. Freilich war es noch zu früh, schon etwas Endgültiges zu sagen, denn er war noch sehr jung. Es mochte ja sein, dass er seine Verpflichtungen später erkennen würde. Aber alle Zukunftspläne gingen in die Brüche, als er im Alter von sechzehn im Obergeschoss des Hauses seines Onkels das große Erlebnis hatte, das alles verändern sollte. Doch lassen wir ihn selbst darüber berichten:

„Es war etwa sechs Wochen bevor ich Madurai für immer verließ, als sich die große Wandlung in meinem Leben ereignete. Das geschah ganz plötzlich. Eines Tages saß ich allein im ersten Stock des Hauses meines Onkels. Ich war wie immer gesund. Ich war selten krank. Ich schlief aber ungewöhnlich tief. Als ich 1891 in Dindigul[1] war, hatte sich eine große Menschenmenge vor dem Zimmer versammelt, in dem ich schlief. Sie versuchten, mich durch Rufen und Klopfen an der Tür zu wecken. Alles war vergeblich. Erst als sie in mein Zimmer eindrangen und mich heftig schüttelten, erwachte ich aus meiner Lethargie. Dieser tiefe Schlaf war aber eher ein Zeichen für eine gute Gesundheit.

Während der Nacht verfiel ich auch in Zustände von halbwachem Schlaf. Meine gerissenen Spielkameraden, die es nicht wagten, mit mir zu spaßen, wenn ich wach war, kamen zu mir, wenn ich schlief. Sie zerrten mich auf die Beine, schleppten mich auf dem ganzen Spielplatz herum, schlugen mich, ohrfeigten mich, trieben mit mir ihre Späße und brachten mich dann in mein Bett zurück. Ich ließ mir das alles mit ei-

---

[1] In Dindigul ging der zwölfjährige Ramana für etwa ein Jahr zur Schule.

ner Duldsamkeit, Ergebenheit, Versöhnlichkeit und Widerstandslosigkeit gefallen, wie es für mich in wachem Zustand unvorstellbar gewesen wäre. Wenn dann der Morgen anbrach, erinnerte ich mich an keinen der nächtlichen Vorfälle mehr. Aber diese Anfälle machten mich nicht schwächer oder weniger lebenstüchtig und können schwerlich als Krankheit gelten.

So war also an diesem Tag, als ich alleine im Zimmer war, mit meiner Gesundheit alles in Ordnung. Dennoch überkam mich eine plötzliche und unmissverständliche Todesfurcht. Ich spürte, dass ich sterben müsse. Kein körperliches Empfinden war dafür die Ursache. Ich konnte es mir damals selbst nicht erklären, warum ich so fühlte. Ich bemühte mich jedoch erst gar nicht herauszufinden, ob die Angst überhaupt begründet war. Ich spürte einfach: ‚Ich sterbe jetzt'. Sofort fing ich an, darüber nachzudenken, was ich nun tun sollte. Weder Ärzte noch Erwachsene, ja nicht einmal Freunde wollte ich um Rat fragen. Ich spürte, dass ich das Problem selbst lösen musste, hier und jetzt.

Der Schock der Todesangst bewirkte, dass ich meine Aufmerksamkeit sofort nach innen wandte. Ich sagte zu mir im Geist: ‚Jetzt ist der Tod gekommen. Was bedeutet das? Was ist es, das stirbt? Dieser Körper stirbt.' Sofort spielte ich die Todesszene. Ich streckte meine Glieder aus und hielt sie steif, als hätte die Totenstarre eingesetzt. Um meine weitere Untersuchung möglichst ‚realistisch' zu machen, spielte ich eine Leiche. Ich hielt den Atem an und presste die Lippen fest zusammen, sodass ihnen kein Laut entweichen konnte. Weder das Wort ‚ich' noch irgendein anderes Wort sollte gesagt werden! ‚Nun gut', sagte ich zu mir, ‚dieser Körper ist tot. Er wird steif zum Verbrennungsplatz getragen. Dort wird er verbrannt, und von ihm bleibt nur Asche übrig. Aber bin auch „ich" mit dem Tod des Körpers gestorben? Ist dieser Körper „ich"? Dieser Körper ist still und unbeweglich, aber unabhängig von ihm spüre ich die ganze Kraft meiner Person und sogar den Klang „ich" in mir. Also bin „ich" Geist (spirit), etwas, das den Körper transzendiert. Der materielle Körper stirbt, aber der ihn transzendierende Geist kann vom Tod nicht berührt werden. Deshalb bin ich unsterblicher Geist.'

All dies war kein rein intellektueller Prozess, sondern traf mich wie ein Blitz als lebendige Wahrheit und war etwas, das ich sofort und fast ohne eine Begründung erkannte. ‚Ich' war etwas Wirkliches, in dem Zustand das einzig Wirkliche überhaupt, und die gesamte bewusste Aktivität, die mit meinem Körper verbunden war, war jetzt daraufhin konzentriert. Von diesem Zeitpunkt an hielt eine machtvolle Faszination meine gesammelte Aufmerksamkeit am ‚Ich' oder meinem ‚Selbst' fest. Die Todesangst war ein für alle Mal verschwunden. Das Verschmolzensein im Selbst hat von diesem Moment an bis heute fortbestanden. Andere Gedanken mögen kommen und gehen wie die verschiedenen Noten bei einem Musiker, aber das ‚Ich' besteht fort wie die Grundnote, die alle anderen Noten begleitet und sich mit ihnen vermischt. Mochte der Körper mit Sprechen, Lesen oder etwas anderem beschäftigt sein, ich war immer auf das ‚Ich' konzentriert.

Vor dieser Krise hatte ich keine klare Wahrnehmung von meinem wahren Selbst und wurde nicht bewusst zu ihm hingezogen. Ich hatte auch kein spürbares Interesse daran, noch weniger irgendeine dauerhafte Neigung, in ihm zu verweilen.

Die Folgen, die sich aus dieser neuen Gewohnheit für mein Leben ergaben, wurden bald bemerkt."

(B.V. Narasimha Swami: Self Realization, Kapitel 5)

Soweit es die Erwartungen der Familie betraf, ging danach alles schief. Venkataraman verlor noch das letzte Interesse am Schulunterricht, saß herum, wenn er seine Hausaufgaben machen sollte, und starrte lieber in die Luft als zu lernen.

Wir wollen für einen Augenblick innehalten und darüber nachdenken, was ihm widerfahren war.

Als er auf dem Boden lag, war der Tod zu ihm gekommen. Was anderes war diese Todeserfahrung als der Tod des Egos? Das individuelle Ich als solches ist gänzlich illusorisch, wie die Buddhisten sagen. Aber angenommen, es hätte eine Art Existenz, so wäre sie doch nicht von Dauer, denn das Ego verändert sich in jedem Augenblick. Das Ego beschließt, am nächsten Tag etwas Bestimmtes zu tun, aber wenn es dann soweit ist, hat ein anderes Ego die Verantwortung übernommen und weigert sich es auszuführen. So verändern wir uns tagtäglich, oder vielmehr sind es die Egos, mit denen wir uns verbinden, die sich verändern. Doch hinter jedem von ihnen steht der unwandelbare Zeuge. Der Zeuge ist aber nicht darauf beschränkt, nur die Taten des kleinen Egos zu beobachten. Er ist der höchste Zeuge oder das, was Bhagavan das „Selbst" nennt. Es gibt nur ein Selbst, und es ist das einzig Dauerhafte, das es überhaupt gibt. Doch hier ist nicht der Ort, dies ausführlich zu behandeln. Später wird darüber noch mehr gesagt werden.

Venkataraman war also gestorben. Danach hatte er keinen Namen mehr. Er unterschrieb nichts mehr und betrachtete keinen Namen mehr als den seinen. Die Leute nannten ihn „Ramana", und er wusste, dass sie damit ihn meinten. Aber selbst wenn sie ihm einen anderen Namen gegeben hätten, hätte er auch diesen akzeptiert.

Als er bald darauf von Zuhause wegging, hinterließ er eine Nachricht ohne Unterschrift, um die Familie über seine Abreise zu informieren.[1]

Venkataraman war gestorben. Doch was genau war eigentlich geschehen? Das Selbst hatte völlig von ihm Besitz ergriffen. Zweifelsohne bestand der Körper Venkataramans und alles, was die Menschen damit verbanden, weiter wie bisher. Seine Mutter rief ihn bei seinem Namen. Er ging zur Schule, er aß, aber sein wahres Selbst verband sich nicht mehr damit. Er beobachtete das alles, wie man einer Filmvorführung zuschaut, und wusste darum, dass es nur eine Vorstellung war.

Dies ist sicherlich für jeden, außer für einen Selbstverwirklichten, schwer zu verstehen. Wir sehen einen Menschen vor uns, der handelt, isst, schläft und all die Dinge tut wie wir, und doch sagt man uns, dass er überhaupt nichts tut. Alles geht wie bisher weiter, aber er identifiziert sich in keiner Weise damit. Er ist von uns völlig verschieden, obwohl er im Grunde wie einer von uns zu sein scheint. Welchen Unterschied könnte man finden? Bhagavan pflegte zu sagen, dass in Wahrheit keiner verstehen könne, was eine selbstverwirklichte Seele sei, außer der Selbstverwirklichte selbst.

Venkataraman war in dieser kurzen Stunde in jenem Zimmer im Obergeschoss eine völlig selbstverwirklichte Seele geworden. Nun war er Gott-verwirklicht. Von diesem Tag an verlief sein Leben aus profaner Sicht ziemlich ereignislos. Kurz da-

---

[1] Am 29.8.1896, etwa sechs Wochen nach seiner Erleuchtung, verließ Venkataraman heimlich und für immer sein Zuhause und brach zum heiligen Berg Arunachala nach Tiruvannamalai auf. Die Nachricht, die er seiner Familie hinterließ, lautete: „Ich bin fortgegangen, um meinem Vater zu suchen, wie er befohlen hat. Dieser [sich selbst meinend] hat nur ein tugendhaftes Vorhaben begonnen. Deshalb soll sich niemand um ihn sorgen. Es soll kein Geld ausgegeben werden, um ihn ausfindig zu machen. [...]" Statt der Unterschrift machte er einen langen Strich.

rauf ging er von Zuhause fort und ließ sich in Tiruvannamalai nieder, wo er für den Rest seines Lebens blieb. Mit der Zeit wurde er weithin bekannt, obwohl er so lange wie möglich das Licht der Öffentlichkeit mied. Nicht dass er sich gewünscht hätte, bekannt oder unbekannt zu sein. Für einen Selbstverwirklichten gibt es keine Wünsche mehr. Er ist befreit. Die Ereignisse geschehen lediglich. Er wurde berühmt, da es sein *Prarabdha* war, anderen auf dem Weg zu dieser Freiheit zu helfen, die er jetzt ständig genoss.

Als ich nach Tiruvannamalai kam, hatte Bhagavan die mittleren Jahre schon weit überschritten. Er war weithin bekannt und hatte sich vor dreizehn Jahren im Sri Ramanashram am Fuße des Berges niedergelassen. Berichte über sein Leben und Bücher über seine Lehre sind beim Ashram erhältlich und geben dem Leser ein vollständiges Bild seines Lebens. Dieses Büchlein will weder umfassend noch chronologisch sein. Bhagavan möge es segnen. Möge es ein Licht sein, das wenigstens ein paar Leser zu Bhagavans Füßen führt.

* * *

# Erinnerungen eines Sadhus

Ich kam am 1. November 1935 in den Sri Ramanashram. Ich hatte von Bhagavan durch Bruntons Buch „A Search in Secret India"[1] erfahren und war sofort davon überzeugt, dass er mein Guru ist. Meine Angelegenheiten konnte ich auf der Stelle regeln. Ich gab mein Haus und meine Besitztümer in Mallorca auf und kehrte nach England zurück, um meine Schwestern zu besuchen, bevor ich endgültig nach Indien aufbrach.

Auf dem abendlichen Heimweg von der Arbeit hatte ich viele Jahre lang immer wieder meditiert. (Zu jener Zeit war ich in Chile beschäftigt.) Nachdem ich mich schließlich zur Ruhe gesetzt hatte, meditierte ich zu Hause weiter. Wie sich herausstellte, war meine Art der Meditation der sehr ähnlich, die ich später in Tiruvannamalai lernte. Ich vertrat folgenden Standpunkt: Wenn Gott die Welt erschaffen hat – irgendwann musste sie ja entstanden sein, und dafür war ein Schöpfer nötig – so konnte Er sie nur aus sich selbst heraus erschaffen haben. Wäre ein anderer, von ihm Getrennter, der Schöpfer gewesen, konnte Er nicht der unumstrittene und allmächtige Gott sein.

Ich kam deshalb zu dem Schluss, dass der Sucher selbst Gott ist oder das „Selbst", wie Bhagavan es nannte. Meine Meditationsmethode bestand damals darin, den Geist dazu zu bringen, sich selbst nicht mehr als individuell zu betrachten und lediglich in seiner Göttlichkeit zu ruhen. „Denke nicht, sei!" Ich erkannte natürlich die Gefahr einer geistigen Leere und machte mir darüber keine Illusionen, dass solch eine Leere Ziel oder Ende in sich sein konnte.

---

[1] in deutscher Übersetzung: Brunton, Paul: Von Yogis, Magiern und Fakiren. – Freiburg i. Br., 1974. Weiteres zu diesem Buch s. a. weiter hinten.

Seit 1924 übte ich also gelegentlich diese Meditationsform, bis ich elf Jahre später nach Tiruvannamalai kam. Aber es lagen auch Zeiten dazwischen, in denen ich überhaupt nicht meditierte.

Ich war damals der Überzeugung, dass ich nicht ein weltliches Leben führen und gleichzeitig spirituelle Ziele anstreben konnte. Die beiden Dinge waren für mich unvereinbar. Damals hatte ich die Wahrheit des *Advaita* noch nicht verstanden, dass es keine Trennung solcher Art geben kann und dass das weltliche Leben so unwirklich wie das nicht weltliche ist oder gleichermaßen wirklich, wenn man so will. Beides ist *Prarabdha*, das in jedem Fall abgearbeitet werden muss. In Wahrheit gibt es weder gut noch böse, nur Anhaftung. Taten sind Taten, doch dass man sich mit ihnen identifiziert, das ist es, worum es geht, und nicht um die Taten an sich.

Ich glaubte damals immer noch an die Wichtigkeit von Moral, an etwas wie absolute Maßstäbe. Deshalb konnte meine Meditation nur eine unregelmäßige Angelegenheit sein. Zweifelsohne war das in gewisser Hinsicht zumindest am Anfang so in Ordnung. In den frühen Stadien muss es irgendeine Regel oder eine Art Kodex geben, um sich bei der Stange zu halten. Aber mit der Zeit fällt diese Regel dann von selbst ab. Wie auch immer, schließlich gewann ich die Überzeugung, dass meine Einstellung falsch war. Man sollte täglich eine kurze Zeit der Meditation widmen, vorzugsweise am frühen Morgen, was für ein Leben man auch immer führen mag.

Die Methode, die ich mir ausgedacht hatte, um den Geist zu beruhigen und mich auf mein essenzielles Inneres zu konzentrieren, das nach meiner Sichtweise Gott war, unterschied sich wenig von der Methode, die Bhagavan lehrte, nämlich das Selbst durch beständige Ergründung ausfindig zu machen und den Zeugen zu suchen. Darüber kann kein Zweifel bestehen. Ich hatte das Glück, dass mir die Wahrheit so mühelos in den Schoß gefallen war. Bhagavan bestätigte das, indem er sagte: „Chadwick war schon früher [in einem früheren Leben] bei uns. Er war einer von uns. Er trug den Wunsch in sich, im Westen geboren zu werden, und das hat sich nun erfüllt."

Anscheinend hat die Erinnerung an die Lehre, die mir in einem früheren Leben zuteil geworden war, somit Früchte getragen.

* * *

*Alan Chadwick*

Ich kam mit dem Frühzug in Tiruvannamalai an. Es war ein strahlend klarer Tag zu Winteranfang. Die wundervolle Atmosphäre des Ortes nahm mich sofort gefangen. Man glaubt fast, man könne sie greifen, so machtvoll ist sie.

Ganapati Sastri[1] holte mich vom Bahnhof ab. Ich hatte den Ashram darum gebeten, jemanden für mich zu schicken, und dachte natürlich, dass er derjenige sei. Es stellte sich jedoch heraus, dass er zwar früher zum Ashram gehört hatte, zurzeit dort aber schlecht angeschrieben war und keinen Auftrag hatte, mich abzuholen. Der Mann, den man vom Ashram geschickt hatte, gab sich nicht zu erkennen, als er sah, dass

---

[1] nicht zu verwechseln mit Ganapati Sastri (Ganapati Muni), dem berühmten Sanskrit-Dichter und Schüler Sri Ramanas

sich schon jemand anderer um mich kümmerte. Warum sollte er auch?

*Alan Chadwick mit Annamalai Swami*

Ganapati Sastri war einst örtlicher Richter gewesen und ein langjähriger Devotee Bhagavans. Er hatte eine besondere Vorliebe für hellhäutige Menschen und klebte jedem Europäer oder Amerikaner, der zum Ashram kam, an den Fersen. Zu seinen Gunsten muss aber auch gesagt werden, dass er für Neuankömmlinge sehr hilfreich sein konnte.

Im Ashram wurde mir ein Zimmer gegeben, das erst kürzlich an den Lagerraum angebaut worden war. Ich teilte es mit Annamalai Swami und blieb dort dreieinhalb Monate, bis man auf dem Ashramgelände ein Häuschen für mich errichtet hatte.[1] Seitdem wohne ich dort.

Bhagavan kam gegen sieben Uhr von seinem Morgenspaziergang zurück. Ich ging zu ihm in die Alte Halle und erhielt ihm gegenüber, gleich neben der Tür, einen Stuhl zugewiesen. Ich belegte ihn für einige Monate, bis ich bemerkte, dass die Leute daran Anstoß nahmen. Ich wusste damals nicht, dass Inder es für respektlos halten, auf derselben Höhe wie der Guru oder in seiner Gegenwart überhaupt auf einem Stuhl zu sitzen.

Damals wie heute habe ich trotz vieler Jahre Übung beträchtliche Schwierigkeiten, für längere Zeit auf dem Boden zu sitzen. Später kam mir die Idee, einen Meditationsgurt aus Baumwolle zu benutzen, den ich mir vom Rücken über die erhobenen Knie band und mit dessen Hilfe ich über lange Zeitspannen bequem sitzen konnte. Solche Gurte werden für gewöhnlich von Yogis benutzt. So seltsam es klingen mag, ich hatte davon keine Ahnung, als ich mir das ausdachte. Bhagavan erzählte mir, sein Vater habe einen solchen Meditationsgurt besessen, ihn aber nie öffentlich benutzt.

Einmal kamen ein paar Jungen in die Halle und sahen mich mit dem Gurt meditieren. Sie fragten Bhagavan: „Warum ist er so zusammengeschnürt?“ Bhagavan amüsierte sich köstlich. Er hatte viel Sinn für Humor.

Obwohl ich mit dem Gurt auffiel, benutzte ich ihn viele Jahre lang, da ich unbedingt in Bhagavans Gegenwart meditieren wollte.

---

[1] Nach der Version von Annamalai Swami wohnte Chadwick über ein Jahr mit ihm zusammen. Annamalai Swami berichtet ausführlich über Chadwicks Ankunft und Einzug im Ashram, s. Godman: Leben nach den Worten, S. 167-172.

*Alan Chadwick mit Meditationsgurt*

Es ist schwer, meine Reaktionen zu beschreiben, als ich zum ersten Mal in Bhagavans Gegenwart kam. Ich spürte den intensiven Frieden und die Freundlichkeit, die von ihm ausgingen. Es war mir nicht, als würde ich ihn zum ersten Mal treffen. Es kam mir so vor, als habe ich ihn immer schon gekannt. Es war nicht einmal wie die Erneuerung einer alten Bekanntschaft. Die Verbindung hatte schon immer bestanden, wenn es mir bis dahin auch nicht bewusst gewesen war. Jetzt wusste ich es.

Obwohl mir Indien und seine Sitten völlig fremd waren, kam mir in diesen ersten Tagen im Ashram nichts fremd vor. Alles war ganz natürlich. Erst später, als ich schon einige Zeit in Indien lebte, begann ich zu verstehen, wie wohlwollend Bhagavan vom ersten Augenblick an zu mir gewesen war.

Mein unwissendes Verhalten war zu meinem Vorteil. Bhagavan antwortete auf die Reaktionen der Leute. Wenn man sich völlig natürlich und entspannt verhielt, verhielt sich Bhagavan ähnlich. Ich meine damit natürlich nicht, dass Bhagavan tatsächlich reagierte oder dass sein Verhalten unnatürlich sein konnte. Es kam uns nur so vor, denn er war wie ein Spiegel, der unsere eigenen Gefühle zu reflektieren schien. War man schweigsam und überängstlich, wirkte er beinahe distanziert. Reagierte man aber ganz natürlich auf die allumfassende Liebe seiner Gegenwart, behandelte er dich wie einen von den seinen.

\* \* \*

Als ich zum ersten Mal die Halle betrat, saß Bhagavan auf
seinem Sofa und schaute zur Tür. Es war gegen sieben Uhr
morgens, und er war gerade von seinem Spaziergang auf den
Berg zurückgekommen. Er grüßte mich mit seinem liebens-
werten Lächeln und fragte, ob ich schon gefrühstückt habe.
Dann bat er mich Platz zu nehmen. An diesem Tag waren
ziemlich viele Leute anwesend, obwohl in jener Zeit große
Menschenmassen im Ashram noch nicht das Übliche waren.
Es musste irgendein Hindufest sein, denn nach der *Puja*
wurde brennender Kampfer hereingebracht, was nur an besonderen Tagen erfolgte, und man sang in Bhagavans Gegenwart das Na Karmana.[1].

Bhagavan sprach den ganzen Vormittag mit mir, bis es Zeit
zum Mittagessen war. Er stellte mir viele Fragen über mich
und mein Leben. Das kam mir ganz natürlich vor. Später

---

[1] zum Na Karmana s. weiter hinten

entdeckte ich, dass er gewöhnlich die Besucher bei ihrer Ankunft mit einem Blick begrüßte, einige Bemerkungen machte und dann schwieg oder darauf wartete, dass sie ihre Zweifel vorbrachten und Fragen stellten, die er dann beantwortete. Oft schien er auch gar nicht zu bemerken, dass jemand hereingekommen war, obwohl es nur so aussah, denn er war sich immer aller Vorgänge voll bewusst.

*Paul Brunton*

Bhagavan war sehr daran interessiert, von Brunton zu hören, den ich in London getroffen hatte und der in einigen Monaten nach Indien zurückkehren wollte. Dies würde sein erster Besuch im Ashram sein, seit er sein Buch „A Search in Secret India" veröffentlicht hatte.[1]

---

[1] Das Buch war 1934 in England erschienen und wurde ein Bestseller. Paul Brunton beschreibt darin seine Begegnung mit dem Maharshi und mit anderen Weisen Indiens. Viele Menschen aus dem Westen hörten durch dieses Buch zum ersten Mal von Ramana Maharshi.

Brunton war mit Sicherheit von Bhagavan dazu inspiriert worden, seine Lehre zu verbreiten oder zumindest seine Existenz im Westen bekannt zu machen. Danach hat er aber zweifellos eine Menge Unsinn geschrieben und war im wahrsten Sinn ein Plagiator. Dennoch fanden sehr viele Menschen durch sein Buch zu Bhagavan und waren ihm für den Hinweis dankbar, wo sie ihren Guru finden konnten.

Ich habe es immer so empfunden, dass die Buchkapitel über Bhagavan von ihm selbst inspiriert worden sind. Brunton hat sich zweifelsohne immer Liebe und großen Respekt für Bhagavan bewahrt, trotz seiner Auseinandersetzungen mit dem Ashram und einiger spitzer Bemerkungen über seinen Guru, die sich in seinen späteren Büchern finden.

Bhagavan hatte eine besondere Botschaft für den Westen, wo er sehr geschätzt wurde. Seine rein rationalistischen Argumente und das Fehlen jeglicher Sentimentalität in seinen Lehren fanden großen Anklang. Er predigte nie oder legte Lehrsätze aus, sondern konzentrierte sich immer darauf, den Sucher zu sich selbst zurückzuführen. Er machte ihm klar, dass alles gänzlich bei ihm selber lag. Der Guru kann nur auf die Wahrheit hinweisen und ihn führen, denn keiner kann einem anderen Menschen Selbstverwirklichung geben.

\* \* \*

Nachdem ich ein oder zwei Tage hier war, bat Bhagavan jemanden, mir ein Exemplar von „Who am I"[1] zu geben, und wies mich an, es zu lesen. Es enthält die Essenz seiner Lehre. Obwohl er erst 21 Jahre alt war, als er dies lehrte, veränderte sich nie etwas daran. Bhagavan mochte über alle mög-

---

[1] Die englische Übersetzung von "Nan Yar", in Deutsch „Wer bin ich?"

lichen philosophischen Richtungen sprechen und ihre Systeme erklären, wenn er danach gefragt wurde, aber seine Lehre und Anweisung fürs *Sadhana* sind vollständig in „Who am I" enthalten. Alles andere war für ihn nur Füllwerk oder eine Weiterentwicklung für jene, die mit der Einfachheit und unkomplizierten Erklärung dieses kleinen Buches nicht zufrieden waren. Er hat immer darauf bestanden, dass es so billig verkauft werden sollte, dass der Ärmste es sich noch leisten konnte. Ursprünglich kostete es nicht mehr als eine halbe Anna.[1]

Dieses wunderbare Büchlein besteht aus einer Sammlung der ersten Anweisungen, die Bhagavan etwa 1902 schriftlich gegeben hat, da er zu jener Zeit nicht sprach. Sie stammen aus seiner eigenen unmittelbaren Erfahrung und wurden in keiner Weise von seiner Lektüre der *Upanishaden* und anderer heiliger Schriften beeinflusst, die man später zu ihm brachte, damit er sie erklärte. Als er später diese Bücher las, entdeckte er die philosophische Bedeutung dessen, was ihm widerfahren war, und wurde so fähig, seine Erfahrungen einzuordnen und mit der Hindu-Tradition in Einklang zu bringen. Aber in diesem Buch haben wir seine Lehre aus erster Hand und ungefärbt. Hier finden wir ihre reinste Essenz und können mit Hilfe dieses einzigen Heftchens alles lernen, was nötig ist. Mehr braucht es nicht.

\* \* \*

---

[1] 16 Annas sind 1 Rupie. Die Münze ist nicht mehr im Umlauf.

*Sri Ramana im Alter von 22 Jahren*

Ich fragte Bhagavan nach der Phase seines Lebens, von der berichtet wird, er habe *Mouna* oder ein Schweigegelübde abgelegt. Er erzählte mir, dass er nie ein solches Gelübde abgelegt habe. Doch während er im Tempel lebte[1], saß er einmal für eine Weile in der Nähe eines *Sadhus*, der solch ein Gelübde abgelegt hatte. Da bemerkte er, welche Annehmlichkeiten das mit sich brachte, da die Menschenmassen den *Sadhu* nicht so sehr bedrängten wie ihn. Deshalb hat er vorgegeben, es ihm gleichzutun. „Es gab kein Gelübde. Ich schwieg einfach. Ich sprach, wenn es nötig war." Ich fragte ihn, wie lange das so gegangen sei. „Etwa zwei Jahre lang", erwiderte er.

---

[1] Nach seiner Ankunft in Tiruvannamalai am 1. September 1896 hielt sich Ramana Maharshi für etwa ein halbes Jahr im Arunachaleswara-Tempel auf.

Die Leute sprachen von dem intensiven *Tapas*, dem er sich unterzog, aber dieses *Tapas* ist ebenso ein Mythos wie sein *Mouna*. Er übte kein *Tapas*. Er brauchte es nicht. Seine Selbstverwirklichung, die er im Obergeschoss des Hauses seines Onkels in Madurai erlangt hatte, war endgültig. Es blieb für ihn nichts mehr zu tun übrig.

Freilich war er damals noch ein Junge und brauchte Zeit, diese allumfassende Verwirklichung mit seinem alltäglichen Leben in Einklang zu bringen. Sie umfasst es, wie sie alles andere umfasst. Sie ist *Purna* (Vollkommenheit). Er machte deshalb ruhige Orte ausfindig, wo er dachte, nicht gestört zu werden und wo er ganz der Seligkeit leben konnte. Aber in Wirklichkeit hatte er bereits den Zustand erreicht, in dem ihn nichts mehr stören konnte. Er war jenseits von allem.

Die Jungen warfen Steine nach ihm und hänselten ihn, aber er blieb völlig gleichmütig.[1] Er war jedoch nicht ohne Bewusstsein. Bhagavans Selbstverwirklichung war nicht irgendeine inhaltslose Leere. Er war sich weiterhin der Erscheinungen [der Welt] gewahr, aber er wusste, dass es Erscheinungen waren, und hielt sie nicht länger für die Wirklichkeit. Ich vermute, dass hierin sein völliger Gleichmut der Welt gegenüber begründet liegt. Alles war sowieso ein Traum. Warum sollte er irgendetwas an ihm ändern? Sitze einfach irgendwo und genieße das Selbst! Was bedeutete es schon, andere zu belehren und der Welt zu helfen? Es gab keine anderen. Wenn er zudem in der Welt leben sollte, wie es sein Karma zu sein schien, musste er zunächst seine Verwirklichung mit der Welt, an die er nicht wirklich glaubte, in Einklang bringen, bevor er überhaupt dazu in der Lage war. Und das brauchte Zeit und erklärt seine scheinbare Weltflucht, obwohl bei einem Selbstverwirklichten von Flucht zu

---

[1] Das geschah in den ersten Monaten, als er im Tempel lebte.

reden ein Widerspruch in sich ist, da es für ihn nicht länger etwas gibt, dem zu entfliehen wäre.

Später brachten ihm die Leute Bücher und baten ihn, sie ihnen zu erklären. Hier fand er das beschrieben, was ihm widerfahren war, hier waren seine eigenen Erkenntnisse aufgezeichnet. Es war für ihn wie eine Offenbarung. Er hatte nicht gewusst, dass auch andere vor ihm dasselbe Erlebnis mit ihm teilten. Und das war noch nicht alles. Diese Erfahrung war auch bewusst gesucht und aufgezeichnet worden.

Bhagavan war so sehr in die letzte Wirklichkeit vertieft, dass seine Gleichgültigkeit seinem Körper gegenüber extrem wurde. Da er kaum jemals badete, wenn überhaupt, wurden seine Haare zu einem einzigen verfilzten Knoten. Eines Tages bemerkte das eine alte Frau und war über seine ungepflegte Erscheinung so schockiert, dass sie einen Eimer Wasser und Seife brachte und ihm den Kopf wusch, als wäre er ein steinernes Götterbild. Er ließ es schweigend über sich ergehen, war sich aber aller Vorgänge voll bewusst. Er erzählte mir, dass sie keine Schwierigkeiten hatte, sein Haar zu entwirren. Es fiel zur Seite und ließ sich nach dem Waschen leicht kämmen.

Es war ihm ebenfalls völlig gleichgültig, was er aß. Früher gaben ihm *Sadhus* eine Schale voll von dem, was beim *Abhishekam* über das Götterbild *Subramaniams* gegossen worden war.[1] Das war ein Gemisch aus Kurkuma (Gelbwurzel), Plantainbananen, Milch und den Früchten des Seifenbaumes. Er war damit völlig zufrieden.

In späteren Jahren hatte es jedoch fast den Anschein, als ob er eine bestimmte Kost bevorzugen würde, obwohl er erklärte, ihm würde alles Essen gleich schmecken. Das muss auch so sein, denn der Körper besitzt für den *Jnani* keine Wirk-

---

[1] Das geschah, als er im Tempel beim Subramaniam-Schrein lebte.

lichkeit mehr, da er sich mit ihm nicht mehr identifiziert. Natürlich weiß er um den Körper, sieht ihn aber nur als ein Teil des gesamten Traumes, an dem nicht nur er Anteil hat. Wir nennen ihn „Bhagavan" und denken, dies sei er. Es ist für uns ein Segen, dass wir ihn als unseren Guru sehen und ihm nahe sein können und durch seine Gestalt seine Gnade erlangen.

* * *

Das zweite Buch, das mir Bhagavan empfahl, war „Self Realization" von B.V. Narasimha Swami. Trotz seines amateurhaften Stils und der Art, in der es geschrieben ist, ist dies ein Standardwerk und eines der wichtigsten Bücher über Leben und Lehre von Bhagavan.[1] B.V.N. hat unendlich viel Mühe auf sich genommen, so viele Fakten und Details wie möglich aus Bhagavans Leben zu sammeln und aufzuschreiben. Kein anderer hat sich so sehr bemüht und solch einen Bericht verfasst. Die anderen, die später über Bhagavans Leben geschrieben haben, hatten alle B.V.N´s Buch vorliegen und machten von ihm ausgiebigen Gebrauch, indem sie dessen Inhalt in ihren eigenen Worten wiedergaben. Ohne dieses Buch würden wir nichts über Bhagavans frühe Lebensjahre wissen. B.V.N. hat eine wundervolle Arbeit getan. Meiner Meinung nach wurde sie nicht genügend gewürdigt.

Hier finden wir die ersten Aufzeichnungen der Lehre, die Bhagavan seinen frühen Schülern erteilt hat. Besonders interessant sind die Anweisungen an Humphreys, einen jungen Polizisten, der 1911 zu Bhagavan kam. So weit bekannt ist, war er der erste Europäer, der Bhagavan besucht hat, oder

---

[1] Diese erste englischsprachige Biografie über Ramana ist bereits 1931 erschienen.

zumindest der erste, der seinen Besuch dokumentiert hat.[1] Er hat Bhagavan, der damals in der Virupaksha-Höhle lebte, wundervoll beschrieben. Die Lehren sind klar und dienen allen späteren Devotees als Leitfaden. Wer außer Humphreys hat sonst noch die Worte Bhagavans überliefert: „Ich gebe dir diese Anweisung wie ein Guru sie seinem Schüler gibt"? Zwischen den beiden hat mit Sicherheit ein besonderes Band bestanden.

**Frank Humphreys**

Einmal behauptete jemand in der Halle, Humphreys sei kürzlich gesehen worden und habe geleugnet, aus Bhagavans Weisungen irgendeinen Nutzen gezogen zu haben. Alles, was Bhagavan dazu meinte, war: „Es ist eine Lüge!"

Das Ganze war zweifellos eine boshafte Erfindung.

\* \* \*

---

[1] Frank H. Humphreys hat den Maharshi dreimal besucht und seine Gespräche mit ihm aufgezeichnet. Einige Jahre später nahm er vom Polizeidienst in Indien seinen Abschied, kehrte nach England zurück und trat dort in ein katholisches Kloster ein.

Die erste Frage, die ich Bhagavan stellte, war, warum Christus am Kreuz geschrien hatte. Wenn er ein vollkommener *Jnani* war, musste er doch allen Leiden gegenüber indifferent sein. Bhagavan erklärte es folgendermaßen: „Wenn ein *Jnani* auch schon die Befreiung erlangt hat und es für ihn kein Leiden mehr geben kann, sieht es trotzdem bei manchen so aus, als würden sie leiden. Dies ist aber nur die Reaktion des Körpers, denn der Körper fährt fort zu reagieren. Nach wie vor isst er und tut alles, was seiner Natur entspricht. Für denjenigen, der die körperlichen Leiden des *Jnani* beobachtet, sind sie augenscheinlich vorhanden. Den *Jnani* aber berühren sie nicht, da er das Selbst nicht länger mit dem Körper identifiziert. Er lebt jenseits von all dem. Außerdem ist es für ihn bedeutungslos, wo und wann er seinen Körper verlässt. Einige scheinen beim Sterben zu leiden, andere sterben in *Samadhi* und sind sich der äußeren Welt gar nicht bewusst, wieder andere werden im Augenblick des Todes einfach unsichtbar."

Dieses Gespräch ist besonders im Hinblick auf Bhagavans letzte Lebenstage interessant.[1] Er schien furchtbar zu leiden. Nachts, wenn er sich nicht bewusst war, dass man ihn hören konnte, lag er stöhnend auf seiner Couch. In jener Zeit war es tatsächlich schwer zu verstehen, dass er als *Jnani* die Schmerzen nicht auf dieselbe Art empfand wie wir, sondern sie als etwas ansah, das von ihm getrennt war, als einen Traum, den man objektiv betrachten konnte.

Als Milarepa[2] im Sterben lag, wurde er gefragt, ob er nicht Schmerzen habe, denn er litt offensichtlich große Qualen. „Nein", antwortete er, „aber da ist Schmerz". Es ist gewiss, dass der Körper Schmerz fühlt. Wenn man sich mit dem Körper identifiziert, bringt man sich mit dem Schmerzemp-

---

[1] Sri Ramana war zu Beginn 1949 an unheilbarem Krebs erkrankt, an dem er im April 1950 starb.
[2] Milarepa war ein bekannter Yogi, Mystiker und Dichter Tibets.

finden in Verbindung. Aber für den *Jnani*, der den Körper immer als etwas von sich Getrenntes sieht, ist der Schmerz nur eine Erfahrung, die außerhalb seiner Wirklichkeit liegt. Der Schmerz ist zwar da, aber irgendwie ist es nicht der seine.

\* \* \*

Nachdem ich einige Zeit im Ashram gelebt hatte und mich dort allmählich auskannte, fand ich heraus, dass die beste Zeit, Bhagavan alleine anzutreffen, um ein Uhr mittags war, wenn er vom Berg zurückkam. Jeder, der es einrichten konnte, hatte sich zur Siesta weggestohlen, außer einem Helfer, dessen Pflicht es war, bei Bhagavan zu bleiben, falls er etwas brauchen sollte. Es gab im Ashram noch keine Elektrizität. Ein Fächer (Punkah) hing direkt über Bhagavans Couch und wurde von dem schläfrigen Helfer, der sich selbst nur zu gern zu einem Nickerchen zurückgezogen hätte, in träger Bewegung gehalten. Manchmal übernahm ich seine Pflicht und ließ ihn gehen, und manchmal saß ich neben dem Kopfende von Bhagavans Couch und sprach mit ihm. Während dieser Stunden gab er mir seine Anweisungen, und diese stillen Stunden damals mit ihm waren von allen die wertvollsten.

Er verstand genügend Englisch, um die Zeitung zu lesen und mich zu verstehen, wenn ich langsam sprach. Wenn eine kurze Antwort oder ein Hinweis auf irgendein Buch genügte, konnte er damit allemal dienen. Wenn aber eine Antwort kompliziert war, wartete er damit bis später, wenn er einen Englisch sprechenden Tamilen für die Übersetzung herbeirufen konnte.

In der ersten Zeit meines Aufenthalts lebte ich in einem großen Zimmer, das an den Lagerraum des Ashrams angrenzte. Dort besuchte mich Bhagavan oft, wenn er gegen zehn Uhr spazieren ging. Wenn er unerwartet in mein Zimmer kam, bat er mich, ich solle mich nicht stören lassen und mit dem weitermachen, was ich gerade tat. Die Leute standen gewöhnlich sofort auf, wenn er einen Raum betrat. Da ich das nicht wusste, blieb ich sitzen und fuhr mit meiner Beschäftigung fort. Heute weiß ich, dass dieses Verhalten von den indischen Devotees als überaus respektlos angesehen wurde, aber es brachte seine Belohnung mit sich. Denn wenn man sich wegen Bhagavan Umstände machte oder auf irgendeine Weise gestört schien, kam er in Zukunft nicht mehr. Er wollte keinen stören, dazu war er zu rücksichtsvoll. Wenn man aber mit dem weitermachte, was man gerade tat, setzte er sich und redete ganz natürlich und ohne die Förmlichkeit, die ihn gewöhnlich in der Halle umgab.

Ich wusste nicht, welches Glück ich hatte und wie privilegiert ich war, aber ich mochte seine Besuche. Er konnte nach meiner Brieftasche greifen und alles aus ihr herausnehmen: ein Foto, eine Mitgliedskarte und anderen Krimskrams, den sie enthalten mochte. Zu jedem Ding machte er seine Bemerkung und stellte dazu Fragen. Das hätte mir peinlich sein können, aber glücklicherweise war in der Brieftasche nichts Peinliches. Nicht dass Bhagavan sich darum gekümmert hätte, denn für ihn konnte es nichts Peinliches oder etwas Derartiges geben.

\* \* \*

Ich hatte mich immer gefragt, wie Paulus, ein völlig orthodoxer Jude, der Christus hasste und die Christen verfolgte, sein großes Erlebnis auf der Straße nach Damaskus im christlichen Sinn interpretieren und selbst ein glühender Christ werden konnte. Eines Tages fragte ich das Bhagavan. Er sagte, Paulus habe immer an Christus und die Christen gedacht und sie nie aus seinem Gedächtnis verloren. Als er nach seinem Erlebnis wieder zu sich kam, identifizierte er seine Verwirklichung mit diesem vorherrschenden Gedanken. Als Beispiel fügte er Ravana an. Ravana hasste Rama und konnte nicht damit aufhören, an ihn zu denken.[1] Als er starb, war Rama sein vorherrschender Gedanke, und deshalb verwirklichte er Gott. Ob Liebe oder Hass vorherrscht, spielt dabei keine Rolle. Eine Rolle spielt nur, was in dem Augenblick im Geist ist.

Die Menschen beurteilen die Taten anderer als gut oder schlecht, aber es ist das Tun an sich, das zählt, und nicht der „Anstrich" der Tat. Das ganze Geheimnis liegt darin, ob wir an unseren Taten hängen oder nicht. Jemand, der seine Zeit mit guten Taten verbringt, kann ihnen viel mehr verhaftet sein als der sogenannte schlechte Mensch seinen Taten verhaftet ist. Derjenige, der alle Anhaftung zuerst fahren lässt, wird zuerst selbstverwirklicht sein. Gut und Böse sind schließlich nur relative Begriffe. Die Selbstergründung ist letztlich nichts weiter, als die *Vasanas* (Neigungen) aufzugeben. Solange eine einzige Vorliebe übrig bleibt, sei sie gut oder schlecht, solange müssen wir unverwirklicht bleiben.

Das erinnert mich an einen Vorfall, der sich während der Fünfzigjahrfeier von Bhagavans Ankunft in Tiruvannamalai ereignet hat. Bei dieser Gelegenheit betonte er, dass es gut sei, die *Vasanas* herauskommen zu lassen. Es ist nutzlos, sie in sich aufzustauen und im Innern an Stärke gewinnen zu lassen. Die Konsequenz davon wäre am Ende fatal.

---

[1] Ravana ist ein Dämonenkönig. Nach der Darstellung im Ramayana war er durch und durch schlecht und eine Verkörperung des Bösen. Rama ist die 7. Inkarnation des Gottes Vishnu.

Einer der langjährigen Schüler Bhagavans hatte viel Ärger und Störung verursacht, indem er sich ständig als bedeutender als die Übrigen hervortat. Schließlich sprach der Ashram-Verwalter[1] mit Bhagavan persönlich darüber und fragte ihn, was er dagegen unternehmen solle. Bhagavan hörte ihm bis zum Schluss schweigend zu und meinte dann: „Es sind seine *Vasanas*. Es ist gut, sie herauskommen zu lassen." Das war alles. Ohne Zweifel eine hervorragende Philosophie, aber für den Verwalter kein großer Trost.

\* \* \*

In Büchern aus westlichen Ländern ist von Leuten zu lesen, die eine blitzartige Erleuchtungserfahrung gemacht haben. Ein gewisser Dr. Bucke hat viele Berichte über solche Erlebnisse gesammelt und veröffentlicht.[2] Aber während Bhagavans Verwirklichung dauerhaft war, war dies bei den von Bucke geschilderten Erlebnissen nicht der Fall. Es war nur ein zeitweiliges Aufleuchten, das gewöhnlich nicht länger als eine halbe Stunde dauerte. Seine Wirkung mochte zwar noch einige Tage anhalten, sie verflog aber unweigerlich wieder.

Ich fragte Bhagavan, wie das sein konnte, und er erklärte mir, dass das, was blitzartig kommt, auch wieder blitzartig verschwindet. Was sie erlebt haben, ist nicht Selbstverwirklichung, sondern kosmisches Bewusstsein, in dem sie alles als eines sehen und sich mit der Natur und dem kosmischen Herzen identifizieren. Im Hinduismus wird dies „Mahat"

---

[1] Chinnaswami, Ramanas jüngerer Bruder
[2] Bucke, Richard Maurice: Cosmic Consciousness, in 1. Aufl. 1901 erschienen; in deutscher Übersetzung: dto.: Die Erfahrung des kosmischen Bewusstseins: Eine Studie zur Evolution des menschlichen Geistes. – 2. Aufl. - Freiburg im Breisgau, 1988

genannt. Dabei bleibt auch während des Erlebnisses eine Spur des Egos und ein Körperbewusstsein des Sehers bestehen. Dieses falsche Ich-Bewusstsein muss aber endgültig verschwinden, da es die Begrenzung ist, die sich als Gebundenheit auswirkt. Die Befreiung ist die endgültige Freiheit von diesem falschen Ich-Bewusstsein.

* * *

*Sri Ramana in mittleren Jahren*

Bhagavan war sehr schön. Ein sichtbares Licht oder eine Aura strahlte von ihm aus. Er hatte die feinsten Hände, die ich jemals gesehen habe. Mit ihnen konnte er sich ausdrücken, ja sogar sprechen. Seine Gesichtszüge waren regelmäßig, und seine wundervollen Augen waren berühmt. Seine Stirn war hoch und sein oberer Kopfbereich der höchste, den ich jemals gesehen habe. Da der obere Kopfbereich in Indien als „die Kuppel der Weisheit" gilt, ist es nur natürlich, dass es so war.

Sein Körper war von guter Gestalt, doch nur mittelgroß. Das fiel aber nicht weiter auf, da seine Persönlichkeit so dominant war, dass man ihn für groß hielt.

Er hatte viel Sinn für Humor, und wenn er sprach, lächelte er gerne. Er hatte viele Scherze auf Lager und war ein hervorragender Schauspieler. Erzählte er eine Geschichte, stellte er die Hauptfiguren immer dramaturgisch dar. War der Vortrag sehr pathetisch, wurde er von Emotionen ergriffen und konnte nicht mehr weitererzählen.

Wenn Menschen mit ihren Familiengeschichten zu ihm kamen, lachte er mit den Glücklichen und vergoss manchmal mit den Leidtragenden Tränen. Er schien auf diese Weise die Gefühle der anderen zu erwidern.

Er wurde nie laut, und wenn er gelegentlich ärgerlich zu sein schien, wurde davon sein Friede nicht beeinträchtigt. Wenn man gleich darauf mit ihm sprach, antwortete er ruhig und völlig unberührt. Bei anderen Menschen wirkt der Ärger noch eine Weile nach, auch dann, wenn der Fall bereits erledigt ist. Wir brauchen Zeit, um unsere innere Fassung wiederzuerlangen, aber bei ihm gab es keine Reaktion.

Er rührte niemals Geld an; nicht etwa, weil er es hasste – er wusste, dass es zum täglichen Leben notwendig war – aber er brauchte nie Geld und war an ihm nicht interessiert. Der Ashram erhielt Geld und Geschenke. Das war in Ordnung. Die Verwaltung brauchte beides, damit der Ashram fortbestehen konnte. Aber es gab keinen Grund, sich darum zu sorgen oder die Leute um Spenden zu bitten. Gott würde sich um alles kümmern.

Die Leute sagten, er würde nicht sprechen, aber das stimmt nicht, wie viele andere dumme Legenden über ihn. Er sprach nicht unnötigerweise, und sein offensichtliches Schweigen machte nur deutlich, wie viel unnötiges Geschwätz es gewöhnlich unter uns gibt.

Er bevorzugte die Einfachheit und saß am liebsten auf dem Boden. Man hatte ihm aber ein Sofa aufgezwungen, und so wurde es für nahezu vierundzwanzig Stunden täglich sein Zuhause.

Er ließ nie zu, dass man ihn auf irgendeine Art bevorzugte, wenn er es verhindern konnte. Im Speisesaal bestand er unnachgiebig darauf. Selbst wenn man ihm eine besondere Medizin oder ein Stärkungsmittel gab, wollte er auch das mit allen teilen. „Wenn es für mich gut ist, muss es auch für die Übrigen gut sein", argumentierte er und veranlasste, dass es im Speisesaal verteilt wurde.

* * *

*Arunachala*

Mehrmals täglich ging Bhagavan auf dem Berg spazieren.[1] Wenn ihm irgendeine Anhänglichkeit an etwas auf Erden nachgesagt werden kann, ist es die zu dem Berg. Er liebte ihn und sagte, er sei Gott. Er war der Meinung, der Berg sei die Spitze der spirituellen Achse der Erde. Es müsse noch einen zweiten Berg am anderen Ende der Achse genau auf der gegenüberliegenden Seite des Globus als Gegenstück zum Arunachala geben. Davon war er so überzeugt, dass er mich eines Abends einen Atlas bringen ließ, um nachzusehen, ob es stimmte. Ich fand im Atlas den genau gegenüberliegenden Punkt etwa hundert Meilen von der Küste Perus entfernt im Meer liegen. Er schien dies zu bezweifeln. Ich gab zu bedenken, es könne an dieser Stelle eine Insel oder ein Berg unter Wasser geben.

---

[1] Arunachala heißt übersetzt „Berg der Morgenröte". Geologisch gehört er zu den ältesten Bergen der Erde und wird seit ewigen Zeiten als heiliger Berg verehrt.

Einige Jahre nach Bhagavans Tod erzählte ein Engländer, der zu Besuch war, von einen Ort in den Anden irgendwo in diesen Breiten, wo angeblich ein großes geheimes und machtvolles spirituelles Zentrum sein sollte. Später fand ich heraus, dass zwar ein solches Zentrum gegründet worden war, dass es sich dann aber als ein Fehlschlag erwiesen hatte. Inzwischen wurde mir von jemand anderem erzählt, der in der Einsamkeit der Anden in Ecuador meditierte. Es sieht so aus, als gäbe es tatsächlich eine seltsame Anziehungskraft, die von diesem Teil des Globus ausgeht. Die Erde ist keine exakte Kugel, und die Karten sind nicht ganz genau, sodass wir nicht in der Lage sind, die exakte Stelle abzustecken. Es ist gut möglich, dass in diesem Teil der Erde mehr vor sich geht, als wir wissen, und das würde gut mit dem zusammenpassen, was Bhagavan sagte. Ich konnte jedoch nie mit ihm darüber diskutieren, da ich erst viele Jahre nach seinem Tod dafür einen Hinweis fand.

Als ich vor vielen Jahren dieses Land gründlich bereiste, bin ich allerdings auf nichts gestoßen, das mich glauben ließe, dort könnte es wichtige spirituelle Zentren geben.

\* \* \*

Manche Leute waren der Meinung, man könne Bhagavan dazu überreden, Dinge gegen seinen Willen zu tun oder seine Meinung zu ändern. Wenn ihn nur genügend Leute darum bäten, würde er tun, was sie wollten. Natürlich ist das völliger Unsinn. Niemand auf Erden konnte Bhagavan dazu bringen oder dazu überreden, irgendetwas zu tun.

Ich erinnere mich an einen solchen Fall. Einige Devotees feierten ein Upanayana-Fest (die Übergabe der heiligen Schnur an einen Brahmanenjungen) in der *Veda-Patasala*

(*Veda*-Schule) des Ashrams. Als Bhagavan um zehn Uhr auf seinem Weg zum Kuhstall dort vorbeikam, kamen die Eltern des Jungen heraus und baten Bhagavan, für ein paar Minuten einzutreten und die Feier zu segnen. Es gab keinen Grund, warum er das nicht tun sollte. Er tat derlei oft. Aber diesmal machte er sich nicht einmal die Mühe zu antworten, sondern ging einfach weiter. Als er auf dem Rückweg wieder dort vorbeikam, wurde er von den Leuten erneut gebeten, nur für einen Augenblick hereinzukommen, doch er lehnte erneut ab. Das war typisch. Er tat entweder etwas, oder er tat es nicht. Man konnte ihn zu nichts überreden.

Es war Brauch, dass die Leute zuerst Bhagavans Erlaubnis einholten, wenn sie beabsichtigten fortzugehen, aber die Art, wie das getan wurde, war gewöhnlich eine Farce. Sie kamen in die Halle, verbeugten sich und sagten: „Ich gehe nach Madras" oder wohin sie auch immer gehen wollten. Bhagavan sagte nur „Ja", und manchmal sagte er auch gar nichts. Daraufhin ging der Devotee vergnügt weg, in der Meinung, Bhagavans Erlaubnis erhalten zu haben. Wenn man Bhagavan einen Beschluss mitteilte, akzeptierte er ihn als solchen. Würde man etwa zu ihm sagen: „Ich werde Fleisch essen", würde Bhagavan nur nicken. Er akzeptierte diesen Standpunkt, hatte gehört, was man gesagt hat und es verstanden. Das bedeutete aber noch lange nicht, dass er dem zustimmte. Wenn man ihn stattdessen aber wirklich um Erlaubnis bat, war das etwas anderes. Dann gab er seine Einwilligung oder schwieg. Wenn er aber schwieg, konnte das kaum als Zustimmung ausgelegt werden.

Eines Abends bat ich um Erlaubnis, nach Pondicherry zu gehen. Bhagavan fragte: „Warum?" Ich erwiderte, dass ich Probleme mit einem Zahn hätte und mich von einem Zahnarzt behandeln lassen wollte. Als er schwieg, tat ich nichts. Einige Tage später sagte er zu mir: „Ich dachte, du wolltest nach Pondicherry gehen, aber du bist noch immer hier."

„Aber du hast mir nie deine Erlaubnis gegeben", erwiderte ich. Bhagavan schwieg. Es stellte sich heraus, dass meine Schwierigkeiten von selber verschwanden. Etwas hatte sich im Zahnfleisch verklemmt. Das löste sich, und ich brauchte keinen Zahnarzt mehr.

Einige Monate später hatte ich wieder Probleme, diesmal mit einem anderen Zahn. Als ich Bhagavan um Erlaubnis bat und ihm den Grund nannte, warum ich gehen wollte, sagte er sofort: „Ja, geh!" Diesmal hatte sich die Reise als notwendig herausgestellt.

Die Leute behaupteten, dass Bhagavan nicht wirklich sagte, ob man gehen dürfe oder nicht. Vielleicht wollten sie sich damit für die Art ihrer Verabschiedung rechtfertigen. Ich konnte bei einer Gelegenheit nachweisen, dass das überhaupt nicht stimmte. Wenn man nachdrücklich auf eine Antwort wartete und sich mit nichts anderem zufrieden gab, sagte Bhagavan, was man tun sollte.

Der Vater meines Dieners lag krank in Malabar, und mein Diener wollte ihn besuchen. Da es für mich schwierig gewesen wäre, ohne ihn im Ashram zu bleiben, sagte ich zu ihm, auch ich wolle zur gleichen Zeit einen kranken Freund besuchen, vorausgesetzt er könne Bhagavans Erlaubnis für mich erhalten.

Hinter meiner Hütte führt ein Tor nach Palakottu[1], den Garten neben dem Ashram. Normalerweise war dieses Tor verschlossen. Gelegentlich konnten wir Bhagavan dazu bewegen, diesen Weg zu nehmen und mich in meinem Zimmer zu besuchen, wenn er bei seinem Mittagsspaziergang hier vorbeikam. Mein Diener ging Bhagavan auf diesem Weg entgegen, um ihm alles zu erklären und um Erlaubnis für uns beide zu bitten, gehen zu dürfen. Bhagavan willigte ein. Aber

---

[1] die *Sadhu*-Kolonie, die an den Ashram angrenzt

45

mein Diener erklärte ihm, das sei nicht genug. Wenn er nicht kommen und es mir selbst sagen würde, würde ich niemals gehen. Damit gelang es ihm, Bhagavan durch das Tor in mein Zimmer zu locken. Bhagavan sagte zu mir: „Raman möchte seinen Vater besuchen." „Ja", erwiderte ich, sagte aber nichts weiter. Als er gerade gehen wollte, wandte er sich mir zu und sagte: „Ja, geh nach Varkala. Dort wird es kühler sein."

Bei einem anderen Anlass gab er mir eine direkte Anweisung. Chinnaswami, der Ashram-Verwalter und Bruder Bhagavans, besaß ein altes Polizeigewehr. Er legte großen Wert darauf und war davon überzeugt, dass allein der Besitz des Gewehres ausreichte, alle Diebe und räuberische Banden abzuschrecken, vor denen er eine Höllenangst hatte. Um für das Gewehr einen Waffenschein zu erhalten, hatte er meinen Namen benutzt. Die Waffe war meiner Einschätzung nach unbrauchbar und wäre wahrscheinlich explodiert, wenn man sie jemals abgefeuert hätte. Aber es gab für sie keine Munition, sodass man nichts befürchten musste.

Jedenfalls wollte Chinnaswami, dass ich das Gewehr zu mir nehmen und offiziell das Amt des Ashram-Verteidigers wahrnehmen sollte, aber ich lehnte ab. Ich erklärte ihm, dass ich die Armee schon vor Jahren verlassen hätte, ein *Sadhu* sei und nicht die Absicht habe, noch mit Feuerwaffen zu hantieren. Er blieb aber hartnäckig. Er sandte einige Leute in mein Zimmer, die mich überreden sollten, und wenn er mich sah, brachte er die Angelegenheit erneut vor. In meiner Verzweiflung machte ich ihm schließlich den Vorschlag, Bhagavan zu fragen. Chinnaswami war von dieser Idee überhaupt nicht begeistert. Er hatte vor Bhagavan immer gewaltigen Respekt und ging nie persönlich zu ihm, wenn es sich vermeiden ließ. In diesem Fall befürchtete er, sich allein schon für diesen Vorschlag einen Verweis einzuhandeln. Trotzdem musste er am Ende nachgeben.

Eines Abends ging ich also auf den Berg hinauf und traf dort Bhagavan, der von seinem Abendspaziergang zurückkam. Ich erklärte ihm alles und fragte, was ich tun sollte.

„Kannst du das Gewehr nicht in einem Regal in deinem Zimmer aufbewahren?", fragte er.

„Natürlich", erwiderte ich.

„Dann mach das!", befahl er.

Als Chinnaswami das Ergebnis unseres Gesprächs erfuhr, wollte er es nicht glauben und beteuerte, dass Bhagavan normalerweise keine solchen Befehle oder Anweisungen gäbe. Er hatte allerdings jemanden zu meiner Beobachtung mitgeschickt, und derjenige bestätigte es. Da blieb ihm keine andere Wahl, als mir zu glauben.

Das Gewehr wurde niemals gebraucht oder benutzt. Das einzige Mal, dass es noch jemand in die Hand nahm, war, als es einige Jahre später der Polizei übergeben wurde, da der Ashram keine weitere Verwendung dafür hatte.

Das alles zeigt, dass Bhagavan seinen Schülern Rat erteilte und ihnen sogar Anweisungen gab, wenn man auf die rechte Weise an ihn herantrat. Die Mehrzahl von denen, die mit ihm lebten, würde dies allerdings bestreiten. Sie haben es nie richtig versucht oder hatten wahrscheinlich nie die Absicht, überhaupt seine Erlaubnis einzuholen. So machten sie sich vor, er habe ihnen zugestimmt, und taten, was sie selber wollten.

* * *

Ganapathi Sastri traf gerne Verabredungen mit Westlern und lud sie in den Ashram ein. Dann verschwand er zu seiner nächsten Verabredung. Wenn die Leute dann eintrafen, verwies er sie einfach an mich und erklärte ihnen, ich würde mich um sie kümmern. Natürlich gab er mir nie Bescheid, und ich war völlig überrascht, wenn plötzlich Fremde auftauchten und nach mir fragten.

Das geschah einmal bei einem Holländer – seinen Namen habe ich vergessen. Er reiste mit seinem technischen Assistenten durch Indien und machte von der klassischen indischer Musik Aufnahmen. Er hatte einen Lieferwagen voller Aufnahmegeräte dabei. Ich glaube, er hatte für die Reise ein Stipendium von Oxford bekommen. Jedenfalls war keiner von den beiden sehr an Bhagavan interessiert, obwohl sie eine Weile in seiner Gegenwart saßen. In Wirklichkeit waren sie gekommen, um eine Aufnahme des *Sama Veda*[1] zu machen. Es gibt jedoch nur wenige Brahmanen, die den *Sama Veda* kennen, und die sind orthodoxer als die anderen Brahmanen. Ganapathi Sastri schien dem Holländer versprochen zu haben, dass er in Tiruvannamalai problemlos finden würde, wonach er suchte. Ich konnte ihnen jedoch nicht weiterhelfen. Nach vielen Anfragen fanden sie schließlich zwei Brahmanen, die den *Veda* kannten. Sie verweigerten jedoch eine Aufnahme. Das war verständlich, denn kein *Veda* darf öffentlich gesungen werden. (Allerdings wird diese Vorschrift heute meist nicht mehr beachtet.) Würde man eine Aufnahme davon machen, könnte sie jedermann vorgespielt werden, und die Regel wäre damit gebrochen.

Nach langen Verhandlungen willigten die Brahmanen endlich ein, für den Holländer zu singen, aber nur unter einer Bedingung: Die Aufnahme sollte in Bhagavans Beisein gemacht werden. Voller Freude ging der Holländer zum Ashram-Verwalter und bat um seine Erlaubnis. Der Verwalter stimmte bedenkenlos zu, ohne die Konsequenzen zu erwä-

---

[1] Der Sama *Veda* besteht aus Gesängen zur Begleitung der Opferhandlung, die von einem der Hauptpriester vorgetragen werden.

gen. Daraufhin wurde der Van so nahe wie möglich bei der Halle geparkt. Mikrophone wurden in der Halle aufgestellt. Da wollte Bhagavan wissen, was das alles zu bedeuten habe. Man erklärte es ihm, doch sein einziger Kommentar war: „Bringt das alles weg." Und das war sein endgültiger Entschluss.

Der Holländer wurde zornig. Als ihm schon der Erfolg in Aussicht gestanden hatte, wurde ihm ein Strich durch die Rechnung gemacht. Er kam zu mir und beschwerte sich bitterlich: Bhagavan wisse nicht, wie wichtig seine Arbeit sei. In seinen Augen war natürlich alles viel wichtiger als Bhagavan selbst. Es war zwecklos, ihm zu erklären, dass Bhagavan sich nicht als Ausrede dafür gebrauchen ließ, eine Regel zu brechen. Wenn die Brahmanen ihm irgendwo sonst eine Aufnahme ermöglicht hätten, hätte Bhagavan nicht daran gedacht, sich einzumischen. Aber dass sie nachher sagen konnten: „Wir haben die Aufnahme mit Bhagavans Genehmigung gemacht", was sie ja offensichtlich bezweckt hatten, konnte nicht geduldet werden.

* * *

*Der Speisesaal heute*

Die Leute beklagten sich oft, dass die Kastenregeln im Speisesaal befolgt wurden. Warum ließ Bhagavan das zu, wenn er doch selbst jenseits aller Kastengesetze stand?

Der Speisesaal wurde durch einen Wandschirm, der fast die ganze Breite des Raumes einnahm, in zwei Bereiche geteilt. Bhagavan saß in der Öffnung im rechten Winkel zum Wandschirm und war so von beiden Seiten aus sichtbar. Auf der einen Seite des Schirms saßen die Brahmanen, auf der anderen alle übrigen.

Viele Leute beschwerten sich darüber und beklagten sich besonders über Bhagavan, dass er so etwas erlaubte. Stand er denn nicht jenseits aller Kastengesetze? Natürlich war das so. Deshalb nahm er seine Mahlzeit ja auch mit beiden Seiten zusammen ein.

„Warum lässt er das zu?", fragten die Leute. Er ließ es aber nicht nur zu, sondern er bestand darauf.

Es kamen Brahmanen in den Ashram, die damit argumentierten, dass bei Bhagavan sowieso alle gleich seien, und sich auf die Nicht-Brahmanenseite des Wandschirms setzten. Bhagavan missbilligte das und fragte sie: „Esst ihr auch zu Hause mit Nicht-Brahmanen?"

„Nein", antworteten sie üblicherweise. „Aber bei Bhagavan ist es etwas anderes."

„So wollt ihr Bhagavan als Ausrede dafür benutzen, eure Kastenregeln zu brechen? Wenn ihr auch außerhalb des Ashrams die Regeln nicht beachtet, ist nichts dagegen einzuwenden, es auch hier zu lassen. Aber ihr könnt euch nicht einfach herausreden und hier etwas tun, was ihr zu Hause für falsch erachtet."

Bhagavan aß nie während einer Sonnen- oder Mondfinsternis – ein Brauch, der im Ashram immer noch besteht. Es wird erst danach gekocht. Er erklärte mir, dass der Magen währenddessen nicht verdaut und es deshalb für die Gesundheit schlecht sei, zu dieser Zeit zu essen. Jedoch nahm er nicht das für orthodoxe Brahmanen übliche Bad beim Beginn und Ende einer solchen Finsternis.

Bhagavans Bewegungen waren sehr anmutig, und ihn beim Essen zu beobachten, war ein Vergnügen. Er hinterließ sein Blatt so sauber, als sei es nicht benutzt worden. Auf indische Art reinlich zu essen, ist eine Kunst in sich, und die beherrschte Bhagavan vollkommen.

Auch war er immer peinlich sauber. Sein Körper strömte einen dezenten Duft aus, obwohl er nie parfümierte Seife benutzte.

Bhagavan hatte früher einmal geschnupft, aber er hat es aufgegeben, bevor ich zum Ashram kam. Er kaute regelmäßig nach dem Essen Betel[1], bevor er zu seinen Spaziergängen auf den Berg aufbrach. Danach spülte er seinen Mund gründlich aus. Seine Lippen waren nie davon gefärbt. Er kaute ihn auch nur ein paar Minuten lang und nur zur besseren Verdauung.

Eines Morgens wollte Bhagavan zu seinem Spaziergang aufbrechen und wartete nur darauf, dass der Helfer ihm den Betel geben würde, den man immer neben ihn legte, wenn es für seinen Spaziergang Zeit war. Aus irgendeinem Grund versäumte es der Helfer. Jeder in der Halle wartete darauf, konnte aber nichts tun, da die Verwaltung niemandem erlaubte, Bhagavan behilflich zu sein, außer denen, die dafür zuständig waren. Schließlich stand Bhagavan auf und verließ die Halle ohne den Betel. Von diesem Tag an kaute er keinen Betel mehr. Er wollte niemandem Unannehmlichkeiten bereiten, auch nicht dem Helfer, dessen Pflicht es war, sich um diese Dinge zu kümmern. Zudem war er an keine Gewohnheiten gebunden. Wir alle bedauerten dieses Missgeschick, da wir wussten, dass der Betel gegen die Schmerzen geholfen hatte. Doch was bedeutete die Gesundheit des Körpers schon. „Der Körper selbst ist die schlimmste Krankheit", pflegte er zu sagen.

* * *

---

[1] Betel ist eine harte, dunkelrote Nuss. Ihr Saft wirkt verdauungsfördernd. Sie wird oft in ein mit Kalkpaste bestrichenes grünes Blatt eingerollt gekaut.

Bhagavan verbreitete immer intensiven Frieden. Bei festlichen Anlässen wie *Jayanti*, *Mahapuja* oder *Deepam*, wenn die Menschen in Scharen zum Ashram strömten, war dieser Friede außerordentlich intensiv. Die Menschenmengen schienen in ihm irgendeine verborgene Kraftreserve wachzurufen, und es war ein großes Erlebnis, bei solchen Gelegenheiten bei ihm zu sitzen. Seine Augen nahmen einen fernen Blick an. Er saß völlig unbeweglich da, als wäre er sich seiner Umgebung nicht bewusst. Doch hin und wieder schenkte er einem langjährigen Devotee, der sich in Verehrung vor ihm niederwarf, ein Lächeln des Erkennens.

Leute, die zu Bhagavan kamen und anfingen, ihre Sünden zu bekennen, ermutigte er nie. Er erlaubte ihnen nicht, mit ihren Sündenbekenntnissen fortzufahren, sondern brachte sie zum Schweigen, indem er ihnen sagte, sie sollten nicht in der Vergangenheit verweilen, sondern herausfinden, wer sie jetzt in der Gegenwart seien. Nicht die Tat an sich ist das Entscheidende, sondern die Anhaftung daran. Zurückzuschauen und sich damit zu beschäftigen war deshalb das Schlimmste, was sie überhaupt tun konnten. Das allein war schon Anhaftung.

Nach drei Monaten zog ich in ein Häuschen, das man eigens für mich im äußeren Bereich des Ashrams gebaut hatte. Bhagavan kam zur Einweihungsfeier. Er nahm kurz Platz, während die *Patasala*-Jungen aus der Stadt die *Veden* sangen. Unsere eigene *Patasala* wurde erst 1937 gegründet.[1]

\* \* \*

---

[1] An der Gründung der Ashram-*Patasala* war Major Chadwick aktiv beteiligt.

Im März 1939 kam Somerset Maugham zu Besuch. Darüber gibt es viele Berichte, doch alle erzählen etwas anderes.[1] Da vor allem ich damit betraut war, mich um ihn zu kümmern, möchte ich meine eigene Version der Geschichte wiedergeben.

**Somerset Maugham**

Da ich schon gegessen hatte, setzte ich mich auf die Bitte der Gruppe hin dazu und unterhielt mich mit ihnen, während sie aßen. Somerset Maugham stellte unzählige Fragen über mein Leben und den Ashram und entschuldigte sich für seine Neugierde.

Am Ende der Mahlzeit auf der Veranda, während der er mehr oder weniger in der Sonne gesessen hatte, wurde er ohnmächtig. Darüber wurden viele unsinnige Geschichten verbreitet, z.B. er habe Bhagavan gesehen und wäre dadurch

---

[1] Somerset Maugham war ein berühmter englischer Romanautor. Ein weiterer Bericht über seinen Besuch beim Maharshi findet sich in: „Gespräche des Weisen", Eintrag vom 15.10.1938, S. 471f.

in einen Zustand von *Samadhi* gesunken und ähnliches mehr. Aber er hatte Bhagavan überhaupt nicht gesehen. Vermutlich hatte er einen leichten Sonnenstich, obwohl er selbst erzählte, er habe von Geburt an gelegentlich solche Blackouts.

Wir trugen ihn in mein Zimmer und legten ihn auf mein Bett. Ich ging zu Bhagavan und erzählte ihm davon. Ich bat ihn, Somerset Maugham in meinem Zimmer zu besuchen, wenn er um zwei Uhr spazieren ginge, da er nicht in die Halle kommen konnte. Bhagavan war damit einverstanden.

Ich traf Bhagavan, als er auf dem Weg zu mir war, und als wir uns meinem Zimmer näherten, kam Somerset Maugham gerade heraus. Er sagte, er fühle sich jetzt besser und wolle gerade zur Halle hinübergehen. Ich bat ihn, ins Zimmer zurückzukehren und sich zu setzen, da Bhagavan nun zu ihm gekommen sei. Bhagavan und Somerset Maugham saßen sich etwa eine halbe Stunde lang gegenüber und sprachen kein Wort. Dann schaute Somerset Maugham nervös zu mir herüber und fragte: „Muss ich etwas sagen?" „Nein", antwortete Bhagavan. „Schweigen ist das Beste. Schweigen ist Gespräch."

Nach einer Weile wandte sich Bhagavan mir zu und sagte auf seine kindliche Art: „Ich glaube, ich gehe jetzt lieber. Sie werden mich schon suchen." Da keiner im Ashram außer dem Helfer, der ihn immer begleitete, wusste, wohin er gegangen war, stimmte das.

Nachdem Bhagavan zur Halle zurückgekehrt war, blieb die übrige Gesellschaft noch zum Tee in meinem Zimmer. Danach wollte Somerset Maugham, der große Stiefel trug, zur Halle gehen und sehen, wo Bhagavan lebte. Ich nahm ihn mit zum westlichen Fenster, durch welches er eine Weile interessiert hineinschaute und sich in Gedanken Notizen machte. In seinem mittelmäßigen und völlig uninspirierten

Artikel „The Saint", der in einer Essayreihe zwanzig Jahre später veröffentlicht wurde[1], behauptet er, dass er in der Halle in Bhagavans Gegenwart gesessen habe. Aber das stimmt nicht. Mit seinen Stiefeln durfte er gar nicht hinein. Er spähte nur von außen in die Halle.

Auch hat er Bhagavan einige philosophischer Äußerungen angedichtet, die er nie im Leben gesagt haben konnte. Aber das sind nun mal die Angewohnheiten berühmter Schriftsteller. Sie legen gern ihre eigenen Meinungen anderen in den Mund.

In seinem jüngsten Artikel schreibt Somerset Maugham, dass einige Inder seinen Ohnmachtsanfall für einen hohen Zustand von *Samadhi* halten würden, was aber nicht stimme. Sie hätten ihm deshalb eine Unmenge an Informationsmaterial über den Maharshi zukommen lassen. Das mag zutreffen, aber es trifft auch zu, dass er dem Ashram mitteilte, er wolle über Bhagavan schreiben, und um die Zusendung von so viel Informationsmaterial wie möglich bat. Er wies darauf hin, dass es natürlich für den Ashram und den Maharshi eine wunderbare Werbung sei, wenn er etwas über ihn schreiben würde. Als ob das nötig wäre!

Er schreibt auch über Shankara[2] und seine Philosophie des *Advaita*, hat aber offensichtlich keine klare Vorstellung davon, was *Advaita* überhaupt bedeutet. Er hat die Theorien verschiedener philosophischer Richtungen durcheinandergeworfen und sie Shankara und Bhagavan angedichtet. Man könnte bei ihm einen theosophischen Einfluss vermuten. Er behauptet, dass die zwei Hauptprinzipien von Shankara *Brahman* und die Reinkarnation seien. Das ist Unsinn, da

---

[1] in: Maugham, William Somerset: Points of View. – London, 2000
[2] Shankara, einer der größten Heiligen und Philosophen Indiens, lebte 788-820 n. Chr. und war der Hauptvertreter des *Advaita-Vedanta* und der Erneuerer des Hinduismus.

weder das eine noch das andere etwas mit *Advaita* zu tun hat und beides dualistische Konzepte sind. Die Frage nach der Wiedergeburt wurde von Bhagavan durch die Gegenfrage abgetan: „Finde heraus, ob du überhaupt geboren wurdest. Wenn du gar nicht geboren wurdest, wie kannst du dann wiedergeboren werden?"

Hierin liegt des Pudels Kern. Letztlich wird jeder für sich herausfinden müssen, dass es nur ein wahres „Ich" gibt, das als unzählige Egos erscheint, die letztlich keine eigene Wirklichkeit besitzen und nichts weiter als vorbeihuschende Schatten sind.

An anderer Stelle sagt Somerset Maugham: „Wenn man bedenkt, wie viele Sorgen und wie viel Leiden es in der Welt gibt, muss man doch denken, *Brahman* hätte besser daran getan, die Finger davon zu lassen."

Also wirklich, Herr Maugham, ist das Ihre Auffassung von *Advaita*?

Auch hier müssen wir uns wieder fragen: „Wer leidet?" Leidet die wahre Wirklichkeit, das ewige „Ich", das hinter allen Erscheinungen steht? Oder leidet nur ein imaginäres „Ich", das keine wirkliche Existenz besitzt und sich das Leiden vorstellt?

Und dann heißt es bei Maugham noch: „Für den Maharshi war die Welt ein Ort der Leiden und Sorgen." Was für ein Unsinn! Bhagavan betonte immer, dass an der Welt nichts falsch sei. Alle Probleme liegen nur bei uns.

Wenn man Somerset Maugham liest, kommt man zu dem Schluss, dass er sich wieder einmal als hervorragender Fiktion-Autor hervorgetan hat.

\* \* \*

57

Bhagavan war sehr tierlieb, wenn er auch, wie ich glaube, Katzen und Mungos [tagaktive Schleichkatzen] nicht mochte, aber nur weil sie seine geliebten Eichhörnchen und Streifenhörnchen jagten. Die Streifenhörnchen rannten zum Fenster der Halle herein und hinaus, sie sprangen über seine Couch, ja sogar über ihn. Er fütterte sie mit Nüssen und streichelte sie. Einige hatten sogar Namen. Ihr hauptsächlicher Wunsch schien darin zu bestehen, hinter seinen Kissen Nester zu bauen und ihre Familien unter seinem Schutz großzuziehen.

Er ließ es nie zu, dass Schlangen und Skorpione getötet wurden. Manchmal fiel nachts eine Schlange vom Dach der Halle. Es gehörte zur Aufgabe des Helfers, sie sicher nach draußen zu geleiten, indem er mit einer Lampe hinter ihr her leuchtete. Würde er die Lampe vor sie halten, würde die Schlange nur geblendet werden und verwirrt reagieren.

Madhava war der beste Helfer, den Bhagavan jemals hatte. Er kam noch Bhagavans letztem Wunsch zuvor. Er war darin Meister, Skorpione am Schwanz zu packen, sodass sie nicht stechen konnten, und sie nach draußen zu tragen, wo sie niemandem mehr schaden konnten.

Für die Hunde hatte Bhagavan immer ein Plätzchen bereit. Ein Welpe, der im Ashram zur Welt gekommen war, hatte Rachitis. Bhagavan war sehr um ihn besorgt. Ich pflegte ihn nach seiner Anweisung und konnte ihn schließlich mit Medikamenten heilen. Seltsamerweise erwies sich dieser Hund als untreu und rannte weg. Bhagavan meinte, er müsse von irgendeinem wilden Tier getötet worden sein, sonst wäre er nicht verschwunden. Aber Monate später tauchte er mit einem neuen Herrn wieder auf und zeigte kaum Interesse an uns, nicht einmal an Bhagavan. Das war unerklärlich.

Wenn ein Ashram-Hund bellte, um Eindringlinge zu vertreiben, und die Leute sich über das Gebell aufregten, verteidigte Bhagavan ihn und sagte, er täte ja nur dem Ashram gegenüber seine Pflicht.

Es gab einmal einen kleinen Welpen, der immer an einem Plätzchen in der Nähe des Büros sein Geschäft verrichtete. Chinnaswami wurde zornig und wollte ihn aus dem Ashram vertreiben. Wiederum kam Bhagavan dem Tier zu Hilfe und meinte, wenn irgendein Kind dasselbe täte, wäre kein Mensch verärgert. Der Welpe sei auch noch ein Kind und wüsste es nicht besser.

Die Affen schien er aber besonders zu lieben und sagte oft, dass sie in vielem besser seien als die Menschen. Sie leben von einem Tag auf den anderen, planen nicht für die Zukunft, und wenn sie Unheil anrichten, dann tun sie es nicht vorsätzlich. Es amüsierte ihn sehr, wenn ein Affe in die Halle schlüpfte und sich die Bananen eines ahnungslosen Devotee schnappte, die er gerade als heiliges *Prasadam* erhalten hatte. Oft gab er Anweisungen, die Affen zu füttern, und ermutigte sie auf vielerlei Art und sehr zum Ärger der Ashram-Verwaltung, für die sie eine große Plage waren.

Im Ashram gab es viele Pfauen, aber anscheinend hielten es nicht alle in dieser Umgebung aus. Einmal brachte ein Dorfbewohner zwei Pfauen, aber sie blieben nicht da, obwohl man sie zwei- oder dreimal zurückbrachte. Bhagavan meinte, dass sie dazu noch nicht bereit seien. Das ist sehr interessant und zeigt, dass nicht alle fähig waren, in seiner Gegenwart zu bleiben und dass sogar die Tiere mit einem bestimmten Ziel hierher kamen. Er erzählte uns auch, dass sich manchmal Menschen als Tiere inkarnieren würden, nur um ihm nahe sein zu können. (Zur Klärung des offensichtlichen Widerspruchs siehe weiter hinten im Buch. Weiter vorne habe ich geleugnet, dass Bhagavan die Wiederverkörperung lehrte.) Die Kuh Lakshmi ist natürlich dafür das beste Beispiel.[1]

Die Rani von Baroda schenkte Bhagavan einen weißen männlichen Pfau und zwei weiße weibliche Pfauen als seine Gefährtinnen. Der männliche Pfau war Bhagavan besonders zugetan und wollte nie von seiner Seite weichen. Bhagavan lebte damals in einem Unterstand neben der Alten Halle, die wegen der zunehmenden Besucherzahl zu klein geworden war.[2] Dort hatte man neben seinem Sofa eine Sitzstange angebracht, wo der Pfau nachts schlief. Die Leute sagten, er sei Madhava Swami, Bhagavans letzter Helfer, der vor einiger Zeit gestorben war. Bhagavan pflegte diesen Pfauen und zupfte die Läuse aus seinem Gefieder. Er lehrte ihn, keine Raupen und andere Insekten zu fressen und ein strenger Vegetarier zu sein. In der Nacht von Bhagavans Tod stand

---

[1] Die bekannte Geschichte von Bhagavan und der Kuh Lakshmi ist in jeder Biografie über Sri Ramana zu finden.
[2] Damit ist die Jubiläums-Halle gemeint, eine Art großer Veranda mit Palmblattdach.

der Pfau auf dem Dach des kleinen Zimmers, in dem Bhagavan lag, und kreischte ununterbrochen. Er starb einige Jahre
später in der Stadt, da die farbigen Pfauen ihn immer verscheuchten, wenn er in die Nähe des Ashrams kam. Doch
die beiden weißen weiblichen Pfauen verscheuchten sie
nicht, sondern hatten mit ihnen zahlreichen Nachwuchs.

\* \* \*

Bhagavan erklärte mir, dass die Gedanken blitzartig kämen
und kein Gedanke beständig sei. Es ist wie bei den Schwin-
gungen beim Wechselstrom. Die Gedanken folgen so schnell
aufeinander, dass es den Anschein hat, sie wären kontinuier-
lich wie das Licht einer Glühbirne. Wenn man sich nur auf
die Intervalle zwischen den Gedanken konzentrieren könnte,
anstatt auf die Gedanken selbst, wäre das Selbstverwirklichung.

Bhagavan lehrte immer, dass der Geist[1] und die Gedanken
genau dasselbe sind.

„Der Geist ist nichts anderes als eine Vielzahl von Gedanken." (Upadesa Saram V. 18)[2]

Auch lehrte er, dass das Ego und der Geist identisch sind
und zusammen entstehen:

---

[1] „Geist" ist im Folgenden die Übersetzung des englischen „mind",
für das es im Deutschen kein Äquivalent gibt.
[2] aus Upadesa Saram (Die Unterweisung durch den Guru, deutsch
bei Satyamayi S. 128-132), einem Werk Sri Ramanas von 1927

„Wenn sich das Ego erhebt, erhebt sich auch alles andere."
(Ulladu Narpardu V. 26)[1]

"Der Ich-Gedanke ist die Wurzel aller Gedanken." (Ulladu
Narpardu V. 40)[2]

"Der Geist ist in Wirklichkeit nur der Ich-Gedanke." (dto.)
Das Ego ist so unbeständig wie die Gedanken und besitzt in
Wahrheit überhaupt keine eigene Existenz. Sagen nicht die
Buddhisten, dass es so etwas wie das Ego überhaupt nicht
gibt? Das führt uns direkt zu *Advaita*.

*Advaita* ist weder das, was gewöhnlich mit Monismus[3] gemeint ist, noch ist es ein Schlagwort für die Vermeidung von
Schwierigkeiten. Das Wort *Advaita* meint natürlich „nicht-
zwei", aber das ist nicht dasselbe wie „eins", wenn es auch
für den oberflächlichen Denker nicht leicht zu verstehen ist,
worin der Unterschied besteht. Wenn wir *Advaita* als Monismus bezeichnen, dann setzen wir die Eins voraus und
schließen damit auf eine ganze Reihe, nämlich eins, zwei,
drei etc. Doch eine solche Folge existiert in Wirklichkeit
nicht. Es gibt nur „nicht-zwei".

Wenn wir die Dinge betrachten, ist da Dualität, Zweiheit.[4] In
gewissem Sinn ist diese Dualität nicht unwirklich. Sie ist nur
in dem Sinn unwirklich, als es in Wirklichkeit nur „nicht-
zwei" gibt. Die Dualität existiert als Erscheinung, die aber
unbeständig und flüchtig ist. Diese vergängliche Manifestation wird *Maya* genannt. Oft wird *Maya* in der Bedeutung

---

[1] aus Ulladu Narpardu (Vierzig Strophen zur Weisheit, deutsch bei
Satyamayi S. 133-145). Die Vierzig Strophen sind in den Jahren
1923-1929 entstanden.
[2] Sadhu Arunachala hat hier eine falsche Quelle angegeben. Der
Vers stammt aus Upadesa Saram V.18.
[3] die Lehre von der Einheit, der Gegensatz zum Dualismus
[4] Die Dinge und der Betrachter der Dinge sind voneinander getrennt und verschieden.

von Illusion verstanden, aber in Wirklichkeit meint *Maya* das, was nicht ist, oder das, was das Unbegrenzte begrenzt. Tatsächlich ist alles, was wir wahrnehmen, *Maya*. (Es ist alles, was im Geist existiert, wobei die Sinne nur das Instrument des Geistes sind.) Es ist deshalb gewiss, dass es keine Illusion gibt, sondern nur Unbeständigkeit.

Die gleiche Wahrheit steckt hinter allem. Worin liegt dann die Lösung, wenn man einsieht, dass alles keine Beständigkeit hat und nur eine Erscheinung ist? Bhagavan lehrte, dass dies auch für unsere Körper gilt und sogar für unsere Egos, die wir für das Allerwichtigste halten. Jetzt aber erkennen wir, dass sie lediglich flüchtige Schatten sind. Es gibt jedoch keinen Grund zu verzagen, denn selbst hinter der flüchtigsten Erscheinung muss es etwas geben, das in Erscheinung treten kann.

Wir springen beiseite, weil wir denken, eine Schlange zu sehen, nur um danach zu entdecken, dass es lediglich ein Seil ist. Doch selbst wenn die Schlange auch vollkommen unwirklich ist, ist doch das Seil da. Deshalb liegt die einleuchtende Lösung zu unserem Rätsel darin, das Bleibende hinter dem Vergänglichen zu suchen und zu finden. Das ist die Lösung Bhagavans, und er lehrt uns durch seine Methode der Selbstergründung, wie wir es angehen sollen.

Obwohl das Ego sich von einer Minute zur anderen verändert, obwohl wir in jeder Phase unseres Lebens völlig anders sind, war doch immer schon ein „Ich" da. Dieses „Ich" ist aber offensichtlich nicht das Ego. Wir haben ja bereits verstanden, dass sich das Ego in jeder Sekunde verändert, während das wahre „Ich" die ganze Zeit als der Beobachter da war. Verfolgen wir seine Spur zurück zu seiner Quelle. Durch diese Methode der Selbsterforschung werden wir allmählich das Selbst verwirklichen.

\* \* \*

Wenn man über Bhagavan und darüber, was er gesagt hat,
spricht, scheint es immer Gegensätze in seiner Lehre zu geben. Das kommt allein daher, weil er von zwei verschiedenen Standpunkten aus sprechen musste. Seine wahre Lehre,
die nie ins Wanken geriet, beinhaltet, dass es nichts als das
Selbst gibt. Er sah alles nur als das Selbst und als nichts
anderes. Aber die meisten Menschen konnten das nicht einfach so hinnehmen. Sie wollten, dass er seine Lehre weiter
ausführte. Erklärungen waren nötig. Um seine Lehre verständlich zu machen, musste er den begrenzten Standpunkt
des Fragenden einnehmen.

Ich erwähnte zuvor, dass Bhagavan nie die Widergeburt
lehrte. Obwohl das so ist, akzeptierte er sie aus unserer
Sichtweise als richtig, so wie es meiner Meinung nach auch
Buddha tat. Wie hätte Bhagavan die Wiedergeburt lehren
können, wenn es für ihn nur das Eine gab? Dennoch erklärt
er in den „Gesprächen", wie die Egos in einer Folge von
Körpern wiedergeboren werden. So lange die Vorstellung,
ein Individuum zu sein, besteht, muss es eine Körperform
geben, die das Individuum annehmen kann, bis diese Vorstellung aufhört. Diese fortdauernde Individualisierung besteht in einem ständigen Wechsel der Körperformen. Denn
wenn eine Reihe von *Vasanas* abgetragen worden ist, tritt
die nächste an ihre Stelle.

Für den Unverwirklichten wird es immer solche offensichtlichen Widersprüche geben. Bhagavan lehrte uns immer, auf
die Gegenwart zu schauen und herauszufinden, wer wir jetzt
sind, während die Lehre von der Wiedergeburt dahin ten-
diert, Dinge in die Zukunft zu verschieben. Was macht es
schon aus, wenn man unzählige Leben hat, um die Dinge in
Ordnung zu bringen? Diese Einstellung ist für den spirituel-

len Fortschritt natürlich fatal, und vielleicht ist das der Grund, weshalb die Wiedergeburt im Christentum nie gelehrt werden durfte, obwohl es Hinweise auf sie im Neuen Testament und bei einigen Kirchenvätern gibt.

\* \* \*

Nachdem ich einige Monate in Bhagavans Gegenwart meditiert hatte, erreichte ich einen Zustand, in dem mich Furcht überkam. Ich stellte Bhagavan dazu Fragen.

Einige von denen, die gerade in der Halle anwesend waren – Bhagavan natürlich ausgenommen – wollten mich davon überzeugen, dass diese Furcht völlig falsch und widersinnig sei. Sie lachten mich sogar wegen meiner Torheit aus. Bhagavan war nicht so amüsiert. Er erklärte mir, dass es das Ego sei, das sich fürchte, da es spüre, wie es allmählich den Halt verliere. Es war am Sterben und nahm das natürlich übel. „Wer hat Angst? – Das alles ist auf die Gewohnheit zurückzuführen, den Körper mit dem Selbst zu identifizieren. Löst man sich immer wieder von dieser falschen Vorstellung, wird man mit diesem Zustand vertraut, und die Angst hört von selbst auf."

Seit damals ist mir klar geworden, dass Bhagavan im zweiten Vers des Vorspruchs von Ulladu Narpadu von dieser Furcht spricht. Dort heißt es: „Nur jene, die starke Todesangst erleiden, nehmen Zuflucht zu Füßen des Herrn."

Diese Furcht ist also in Wirklichkeit ein gutes Zeichen, wenn man dem Weg der Selbstergründung folgt, doch man muss sie überwinden.

Später kamen einige der Spötter heimlich zu mir und vertrauten mir an, dass sie dasselbe Problem hatten, und fragten mich, was sie dagegen tun sollten. Meine Unterredung mit

Bhagavan muss irgendwo aufgezeichnet worden sein, da immer noch Leute zu mir kommen und danach fragen. Die eine und einzige Antwort darauf liegt in der Methode, die Bhagavan lehrte: Frage dich, wer sich fürchtet, dringe weiter vor bis zum Zeugen, und die Angst wird von selbst verschwinden.

* * *

Im Supplement zu Ulladu Narpadu [Supplement zu den 40 Versen] heißt es, ein einziger Blick eines Weisen (Mahatma) genüge, um spirituelle Einweihung zu erlangen und bewirke mehr, als alle Pilgerreisen zusammen, die Verehrung von Bildern und andere Praktiken der Verehrung.

Ich fragte Bhagavan danach und sagte dummerweise, dass ich bis jetzt keine Veränderung in mir spüre, obwohl ich schon einige Monate bei ihm sei. Er sagte, es sei der Blick, der reinige, aber es sei keine sichtbare Reinigung. Steinkohle braucht Zeit, um sich zu entzünden, bei Holzkohle geht es verhältnismäßig schneller, und Schießpulver entzündet sich sofort. So ist es auch bei den Menschen, wenn sie unter dem machtvollen Blick eines *Jnani* stehen.

* * *

67

Vor etwa dreißig Jahren wurden mehrere Bücher über die Meister im Himalaja veröffentlicht, die in einigen okkulten Zirkeln sehr populär waren. Sie wurden in verschiedene Sprachen übersetzt und waren in Deutschland ziemlich erfolgreich. Ein deutscher Freund hat mir erzählt, dass sie damals einiges Aufsehen bei seinen Bekannten erregt hätten. Es ist schon Jahre her, seit ich sie selber las, und ich kann mich nur noch an weniges erinnern. Ich hielt sie damals für ziemlichen Unsinn, als die Art okkulter Sensationsmache, die eine bestimmte Sorte von Leuten als „spirituell" missversteht.

Unter anderem Unsinn wird dort erzählt, wie die Meister in verborgenen Festungen im Innern der Berge lebten. Zu ihnen zählte auch der Meister Jesus. Wenn ich mich recht erinnere, gelangte man zu ihnen mit einem automatischen Lift, der durch den massiven Felsen geschlagen war. Warum sich die Meister auf dieses Felsengefängnis beschränken wollten, konnte ich jedoch nie herausfinden. Der Verfasser dieses Buches war der Amerikaner Baird Spalding.[1] 1936 kam er mit einer Gruppe Amerikaner zum Ashram. Sie wollten mit ihm als Führer diese Meister besuchen. Ihre Geschichte war unglaublich, ja geradezu tragisch.

Einer aus der Gruppe amerikanischer Enthusiasten, die an Spalding glaubten, hatte eine Expedition zu diesen Meistern organisiert. Sie waren noch nie zuvor in Indien gewesen. Die „Dollar-Line" hatte für diese von Spalding geführte Reise Sonderfahrkarten an die Teilnehmer verkauft. Man hatte ihnen geraten, keine Rückfahrkarten zu kaufen, da das unnötig sei. Bei den Meistern würden sie sich um nichts mehr zu kümmern brauchen. Sie würden alles haben, was sie sich nur

---

[1] Spalding, Baird: Life and Teaching of the Masters of the Far East, San Francisco, [1924-1935]; in deutscher Übersetzung: Leben und Lehre der Meister im fernen Osten. – Bände 1-3. – 11. Aufl. - Zürich, o.J.

wünschten und würden natürlich nie mehr nach Amerika und nach Hause zurückkehren wollen. Einige von ihnen, die arm waren, hatten aus Enthusiasmus für diese Reise ihren gesamten Besitz verkauft. Schließlich war ihnen ja zugesichert worden, dass sie am Bestimmungsort kein Geld mehr bräuchten.

Die von Spalding geführte Gruppe erreichte planmäßig Kalkutta. Als sie schließlich in Tiruvannamalai eintrafen, waren sie etwa zu zwölft, da einige von ihnen bereits abgesprungen waren.

In Kalkutta waren sie von Spalding in einem Hotel abgesetzt worden, während er selbst mit den Meistern Verbindung aufnehmen und von ihnen über das weitere Vorgehen Anweisungen erhalten wollte. Er verschwand täglich zu dieser mysteriösen Mission und kam immer mit irgendeiner Ausrede zurück. Natürlich wurde die Gesellschaft allmählich unruhig und argwöhnisch und wollte unbedingt wissen, wann sie zur letzten Etappe ihrer Pilgerschaft aufbrechen konnte. Die Missstimmung wurde schließlich so groß, dass Spalding die Gruppe nicht länger unter Kontrolle halten konnte. Eines Tages sagte er bei seiner Rückkehr, er habe Paul Brunton getroffen, der sie alle eingeladen habe, inzwischen den Ashram von Sri Ramana Maharshi im Süden zu besuchen. Ich bin nie dahinter gekommen, ob er Brunton wirklich an jenem Tag getroffen hat, und ich vergaß, ihn danach zu fragen.

Zu der Zeit waren bereits einige so aufgebracht gewesen, dass sie ihrer eigenen Wege gegangen waren. Die Übrigen kamen mit ihrem Führer zum Ashram mit. Das Fiasko fand so für sie ein überaus glückliches Ende, denn andernfalls wäre wahrscheinlich keiner von ihnen zum Maharshi gekommen. Die Gruppe ließ sich hier für einige Zeit nieder und löste sich dann allmählich auf.

Damals wurde gerade ein *Darshan* im Ashram von Pondicherry gegeben.[1] Spalding nahm den Rest der Gesellschaft dorthin mit. Sie wohnten alle zusammen in demselben Hotel, in dem auch Paul Brunton abgestiegen war, denn auch er war zum *Darshan* gekommen. Er erzählte mir, dass es eines Tages nach dem Abendessen eine heftige Auseinandersetzung gegeben hatte. Einer nach dem anderen hatte Spalding angegriffen und beschuldigt, sie beschwindelt zu haben: Die Geschichte von den Meistern sei eine reine Erfindung gewesen, und er sei auch nie zuvor in Indien gewesen. Er war der Situation aber durchaus gewachsen und behauptete sich, obwohl alles gegen ihn sprach. Den einen beschuldigte er, für den Verkauf der Fahrkarten eine Provision erhalten zu haben, und die anderen klagte er verschiedener anderer Vergehen an, bis sich einer nach dem anderen mehr oder weniger geschlagen gab.

Diejenigen, die wirklich an Spiritualität interessiert waren, kehrten von Pondicherry zu Bhagavan zurück. Spalding war auch unter ihnen. Ich bekam ihn gelegentlich zu sehen, und ich mochte ihn. Er war im Grunde ein anständiger Mensch, der eindeutig an einem Wahn litt. Er erzählte mir einige phantastische Geschichten, an die er offensichtlich selbst glaubte, vielleicht um nach alledem nicht blamiert zu sein. Er hätte sicherlich nie den Mut aufgebracht, eine solche Expedition zu führen, die nur als ein Fiasko enden konnte, wäre er nicht leicht irre gewesen.

In der Gruppe waren einige nette und ernsthafte Menschen. Man kann nicht anders als glauben, dass sie vorsätzlich auf diesem seltsamen Weg zu Bhagavan geführt worden sind.

Ich erinnere mich gut an das Ehepaar Tayler. Herr Tayler war Postmeister im Ruhestand. Beide wurden Bhagavan sehr

---

[1] Aurobindo und die Mutter gaben nur zweimal jährlich ein öffentliches *Darshan*.

70

zugetan. Als Frau Tayler eines Tages bei Bhagavan in der Halle saß, sagte sie plötzlich zu ihm: „Bhagavan, ich möchte Selbstverwirklichung."

„Hab Geduld", antwortete Bhagavan, „sie wird zu gegebener Zeit kommen."

„Nein", entgegnete sie, „das ist nicht genug. Ich will sie hier und jetzt."

Bhagavan versuchte, ihr zu erklären, dass wenn sie dafür bereit wäre, alles gut werden würde. Sie bestand aber darauf. Sie wollte sie hier und jetzt, und es lag ihrer Meinung nach an ihm, sie ihr zu geben. Bhagavan sagte nichts, schaute ihr aber etwa fünf Minuten lang ununterbrochen in die Augen. Plötzlich brach sie in Tränen aus und stürzte hinaus. Sie erzählte aber niemandem, was geschehen war.

Da war auch noch ein anderer älterer Herr, Dr. Hands. Er blieb da, als alle übrigen schon gegangen waren, wenn ich mich recht erinnere. An seinem letzten Abend hielt er in der Halle unaufgefordert einen Vortrag über Indien, die indische Landwirtschaft und viele andere Themen, von denen er nur eine reichlich oberflächliche Kenntnis haben konnte. Er schrieb an einem Buch, das alle Probleme Indiens lösten sollte, aber ich weiß nicht, ob es jemals veröffentlicht wurde.

* * *

Während des Krieges las ich nie die Zeitung. Ich hatte damit einige Zeit vor seinem Ausbruch aufgehört. Ich vermute, es war in Wirklichkeit eine Art Flucht. Doch ich konnte dem trotzdem nicht entkommen, da selbst die nettesten Inder bei jeder Gelegenheit zu mir kamen und darüber frohlockten, dass die Alliierten am Verlieren waren. Sie sorgten dafür, dass keine Katastrophe meiner Aufmerksamkeit entging.

Natürlich ließen sie ihren aufgestauten Ärger gegen die Engländer, der von der politischen Propaganda ihrer Führer geschürt worden war, an mir aus. Hinzu kam noch das Minderwertigkeitsgefühl, das durch ihre Position als ein unterdrücktes Volk entstanden war. Gegen Ende wurden sie jedoch immer stiller. Heute verstehen viele von ihnen, was mit Indien geschehen wäre, hätten die Achsenmächte[1] gewonnen. Das Land wäre im Chaos versunken.

Während ich nicht die Zeitung las, las sie Bhagavan. Er informierte mich peinlich genau, wenn etwas in der Zeitung stand, was die Briten in Indien betraf, wie etwa die Unterstellung der Briten unter die Britische Gesellschaft, die für die Rekrutierung von Engländern verantwortlich war.

Natürlich berührten ihn der Krieg und sein Verlauf nicht. Wahrscheinlich betrachtete er ihn lediglich als eine weitere Drehung des Karma-Rades. Es wird berichtet, er habe einmal bemerkt: „Wer weiß, vielleicht ist Hitler ein *Jnani*, ein göttliches Instrument."[2] Er war sicherlich ein Mann des Schicksals. Die Taten eines *Jnani* als böse zu bezeichnen wäre falsch, da es für ihn weder gut noch böse gibt. Es gibt nur das Handeln, spontane Aktivität oder das absichtslose Tun, wie es im Tao gelehrt wird. Dieses Handeln ist den Folgen des Karmas nicht unterworfen. Dennoch scheint es zweifelhaft, ob Hitlers Taten wirklich so absichtslos waren, wenn es auch nicht unmöglich ist.

\* \* \*

---

[1] Dreimächtepakt zwischen Deutschland, Italien und Japan gegen die USA und England. 1939 war auch Indien unter britischem Oberkommando in den Zweiten Weltkrieg eingetreten.
[2] Diese und die folgenden Aussagen über Hitler müssen im spirituellen und auch kulturellen Kontext eines weit entfernten Landes gesehen werden.

Bevor ich nach Indien kam, hatte ich über die blitzartigen Erleuchtungserlebnissen von Edward Carpenter, Tennyson und vielen anderen gelesen, die sie als „kosmisches Bewusstsein" bezeichneten. Ich stellte Bhagavan dazu Fragen. Wenn man einmal Selbstverwirklichung erlangt hat, konnte man sie dann wieder verlieren? Das sei sicherlich so, meinte er. Um diese Ansicht zu untermauern, nahm er das Kaivalya Navaneeta[1] zur Hand und bat den Übersetzer, mir eine Seite daraus vorzulesen. In den frühen Stadien des *Sadhana* war dies sehr gut möglich und sogar wahrscheinlich. Solange noch der kleinste Wunsch oder die geringste Bindung bestehe, würde es den Menschen wieder in die phänomenale Welt zurückziehen, erklärte er. Letztlich sind es nur unsere *Vasanas*, die uns daran hindern, immer in unserem natürlichen Zustand zu sein. Die *Vasanas* wird man aber nicht plötzlich oder durch ein blitzartiges Erleben von kosmischem Bewusstsein los. Man mag sie in einer früheren Existenz abgearbeitet haben. Im jetzigen Leben ist vielleicht nur ein bisschen davon übrig geblieben, aber sie müssen in jedem Fall zuerst vernichtet werden.

Das erinnert mich an Sri Ramakrishna, der sagte, wenn nur ein einziger Wunsch unerfüllt zurückbleibt, müsse man wiedergeboren werden, um ihn sich zu erfüllen. Ramakrishna erzählte, dass er sich einst gewünscht habe, seidene Kleider und einen Goldring zu tragen und eine Wasserpfeife zu rauchen. Eines Tages bat er Mathura Nath, ihm diese Dinge zu besorgen. Dann setzte er sich in seinem Seidengewand, den auffälligen Goldring an der Hand und eine Wasserpfeife rauchend ans Ufer des Ganges. Er sagte zu sich: „Jetzt trage ich ein seidenes Gewand. Seht meinen goldenen Ring! Und eine Wasserpfeife rauche ich auch." Er genoss dies eine Zeit lang. Nach einer Weile stand er auf, warf den Ring in den

---

[1] Das Kaivalya Navaneeta ist ein klassisches Werk des *Advaita* und wurde von Ramana Maharshi häufig zitiert.

Fluss, riss sich das Seidengewand vom Leib, trampelte auf ihm herum, spuckte darauf und zerbrach die Wasserpfeife. Er hatte sich seinen Wunsch erfüllt und wollte nie wieder etwas Derartiges tun.

Doch einmal angenommen, man ist die meisten *Vasanas* losgeworden, wie erlangt man dann eigentlich Selbstverwirklichung? Auf diese Frage antwortete mir Bhagavan, dass ein Mensch, der regelmäßig meditiert, in den frühen Stadien zunächst gewöhnlich in Trance fällt, die etwa 30 Minuten anhält. Wenn er mit seinem *Tapas* weitermacht, stellt sich solch ein *Samadhi* häufiger ein. Er wird davon so hingerissen sein, dass er an nichts anderes mehr denken kann, als sich in eine stille Ecke zurückzuziehen, um ungestört zu meditieren. Er wird alle anderen Interessen verlieren, bis die Zeit kommt, da er im Selbst gegründet ist und keine Meditation mehr braucht. Dann hat er *Sahaja Samadhi* oder seinen natürlichen Zustand erreicht. Es gibt aber hierfür keine festen Regeln. Manche erreichen diesen Zustand auch still und unbemerkt, ohne dass der Prozess der Meditation für sie nötig ist. Wenn es in Wirklichkeit auch keine Stufen zur Selbstverwirklichung gibt, so gibt es doch eine Vertiefung im *Sadhana*, wie oben ausgeführt. So erklärte es mir Bhagavan.

* * *

Im indischen Sprachgebrauch findet man die Begriffe *Manolaya, Savikalpa Samadhi, Nirvikalpa Samadhi* und *Sahaja Samadhi*. Bei denen, die mit der Terminologie nicht vertraut sind, verursachen diese Begriffe gern Verwirrung.

*Manolaya* ist lediglich der leere Geist. Den Anhängern des *Advaita* wird oft vorgeworfen, dies erreichen zu wollen, was aber völlig absurd ist. Allerdings habe ich auch solche getroffen, die mir erzählten, dies sei ihr Ziel, und sie wären überaus glücklich, wenn sie es erreichen könnten. Ich wies sie dann gewöhnlich darauf hin, dass sie das jede Nacht im Schlaf erleben konnten. Wozu sollte es gut sein, sich alle Arten von Enthaltsamkeit aufzuerlegen und Stunden in Meditation zu verbringen, nur um etwas zu erreichen, das man allein dadurch erlangt, indem man sich ins Bett legt?

Bhagavan erzählte zu dem Thema gerne die Geschichte eines Yogis, der am Ufer des Ganges *Tapas* übte. Er bat seinen Schüler, ihm Wasser zu holen. Währenddessen versank er in *Manolaya*. Nach tausend Jahren kam er wieder zu sich, und das erste, was er tat, war, Wasser zu verlangen. Aber sein Schüler lag als Skelett neben ihm, der Ganges hatte seinen Lauf verändert und das ganze Land war anders geworden. Was also hatte seine lange Trance an Gutem bewirkt? Sie war nur eine Leere gewesen, in der die Zeit stillgestanden war.

*Savikalpa Samadhi* ist der Zustand tiefer Meditation. Man ist in den Frieden versunken, hat aber immer noch das Bewusstsein seiner individuellen Identität zurückbehalten. Man weiß, dass man meditiert, und kann noch bewusst sein *Sadhana* ausüben.

In *Nirvikalpa Samadhi* ist man dagegen in einem Zustand, in dem die Persönlichkeit verloren und völlig im höchsten Selbst aufgegangen ist. Doch wie lange es auch dauern mag, es ist zeitlich begrenzt. Schließlich muss man doch in seinen normalen Bewusstseinszustand zurückkehren. In *Nirvikalpa Samadhi* kann man nicht reagieren und handeln und ist solange in Trance. Gewöhnlich geht es dem endgültigen Zustand voraus. Bhagavan hat *Sahaja Samadhi* allerdings auf direktem Weg ohne irgendeinen anderen vorübergehenden

Zustand erreicht. Viele Menschen halten *Nirvikalpa Samadhi* für endgültig. Haben sie es einmal erlangt, suchen sie keinen weiteren Fortschritt mehr.

*Sahaja Samadhi* ist der endgültige und am meisten gesegnete Zustand, das Ziel aller Yogis. In diesem Zustand ist die Persönlichkeit vollkommen im Höchsten Selbst aufgegangen. Die Identität des Individuums, die im *Nirvikalpa Samadhi* verloren gegangen ist, hat sich ausgeweitet, ist nun das Höchste Selbst und ist sich seiner selbst als solches bewusst. Zustände von Trance sind nicht länger nötig. Der Mensch kann sich den alltäglichen Geschäften widmen, identifiziert sich aber nicht länger mit den Handlungen, sondern beobachtet sie wie ein Träumer, der einen Traum beobachtet. Es gibt nichts weiter für ihn zu tun und nichts mehr zu erreichen. Das ist der höchste Zustand der absoluten Seligkeit. In den einfachen Worten Bhagavans ist es das Selbst und kann von allen durch die Selbstergründung verwirklicht werden.

\* \* \*

Yoga bedeutet „Einheit". Das Wort „Joch" ist davon abgeleitet.

Es gibt vier Hauptrichtungen im Yoga: *Jnana, Bhakti, Hatha* und *Karma*, aber es gibt auch viele Nebenrichtungen, die sich gewöhnlich aus zwei der oben erwähnten Hauptrichtungen zusammensetzen. Allerdings ist es fast unmöglich, eine Richtung eindeutig von den anderen zu trennen, denn, wie Bhagavan sagt: „Um Gott zu kennen (*Jnana*, der Pfad der Weisheit), muss man ihn lieben (*Bhakti*, der Pfad der Verehrung), und um ihn zu lieben, muss man ihn kennen." Und dafür wird häufig *Hatha-* oder *Karma-Yoga* praktiziert.

*Hatha-Yoga* besteht aus verschiedenen Übungen, Körperhaltungen und Atemkontrolle, während *Karma-Yoga* der Yoga des Handelns ist. Er beinhaltet das Singen der *Veden*, das Feiern von *Pujas* und tägliche Reinigungsriten. Es gibt noch viele Nebenrichtungen wie *Tantra-Yoga*, *Kundalini-Yoga* und andere.

Bhagavan lehrte natürlich keinen dieser Yogarichtungen. Einmal erlebte ich allerdings, wie er einem Nordinder, der eine Form des *Kundalini-Yoga* praktizierte, Anweisungen in Yoga gab. Das war noch nie dagewesen und kann nur damit erklärt werden, dass Bhagavan erkannte, dass der Mann nur mit dieser Methode Fortschritte machen konnte. In der Regel sagte er den Leuten jedoch, sie sollten mit diesen Praktiken keine Zeit vergeuden und nicht den langen Weg wählen, wenn sie durch die Praxis der Selbstergründung direkt ans Ziel gelangen konnten.

Während der letzten Monate in Bhagavans Leben durften nur die Helfer in seiner unmittelbaren Nähe sein. Eines Abends erhielt ein Mann aus Nordindien eine Sondererlaubnis für ein privates Gespräch mit Bhagavan. Natürlich brauchte er einen Übersetzer, und von diesem habe ich folgende Geschichte. Ich selbst konnte das Gespräch durch das Fenster beobachten.

Der Mann erzählte Bhagavan, dass er *Kundalini-Yoga* übe, dass er die Energie bis zu einem bestimmten Punkt oder *Chakra* emporleiten könne, dass sie dort aber stecken bliebe und er keine weiteren Fortschritte machen könne. Was er nun tun solle? Bhagavan erklärte es ihm ausführlich, und der Yogi verließ ihn tief befriedigt.

Die klassischen Vertreter der vier Yogarichtungen in heutiger Zeit sind: für *Jnana* Sri Ramana Maharshi, für *Bhakti* Sri Ramakrisha Paramahamsa, für *Hatha* Sri Aurobindo von

Pondicherry und für *Karma* Sri Shankaracharya von Kanchi Peetam. Nur letzterer lebt noch.

* * *

*Sri Ramanas Skizze vom Arunachala*

Bhagavan unternahm mehrmals täglich einen Spaziergang auf den Berg. Manchmal erzählte er uns, er habe im Bergesinneren eine große Stadt mit weiträumigen Gebäuden und Straßen gesehen. Das war sehr mysteriös. Er erzählte von einer großen Gesellschaft von *Sadhus*, die die *Veden* sangen. Die meisten der langjährigen Devotees waren unter ihnen, und er sah auch mich.

Jemand machte die Bemerkung: „Aber das ist nur eine Vision.". „Alles andere ist ebenfalls eine Vision", antwortete er und meinte damit unsere Welt. „Das eine ist so wirklich wie das andere."

Wir wissen, dass ein *Jnani* jenseits der Zeit ist. Vergangenheit und Zukunft sind völlig in seiner Gegenwart enthalten. Deshalb wollte ich gerne genau wissen, was die Vision von den *Sadhus* wirklich bedeutete. War es etwas, das in der Vergangenheit geschehen war? Ich glaubte nicht daran, obwohl Bhagavan gesagt hatte, dass ich schon in einem früheren Leben hier gewesen wäre. Oder war es etwas, das in einer späteren Inkarnation geschehen würde? Wer kann das wissen? Bhagavan half mir nicht weiter. Er erzählte viele ähnliche Geschichten, aber erklärte sie nie und sagte nur: „Ich weiß nicht, was es bedeutet."

\* \* \*

*Alan Chadwick*

Wie ich schon weiter oben dargelegt habe, gibt es für einen *Advaitin* keine Reinkarnation. Wenn die Egos völlig unbeständig sind, was könnte dann reinkarnieren? Bhagavan leugnete immer, dass irgendjemand geboren wurde. Wie könnte er also wiedergeboren werden? „Suche herauszufinden, ob du jetzt ein Geborener bist", wies er uns an. Denjenigen jedoch, die an die Wirklichkeit des Egos glaubten, gestand er den Glauben an die Wiedergeburt zu.

Eines Abends war in der Halle von Wiedergeburt die Rede. Gerade als Bhagavan von seiner Couch aufstand, um zum Abendessen zu gehen, sagte ich zum Spaß: „Aber Alan Chadwick ist nie zuvor geboren worden." „Was sagt er da?" fragte Bhagavan scharf. „Er sagt, er sei nie zuvor geboren worden", zitierte jemand falsch. Natürlich hatte ich das überhaupt nicht gesagt. Welche Gestalt das Ego in einer früheren Geburt auch immer angenommen haben mochte, es hat in keinem Fall den Namen und die Form von Alan Chadwick getragen, sondern ist eine völlig andere Person gewesen. Das hatte ich gemeint. Aber Bhagavan bezog sich auf die falsche Interpretation und entgegnete rasch: „Oh ja, er ist schon früher geboren worden. Was wohl hätte uns sonst alle hier wieder zusammengebracht?"

Er fragte uns nie danach, was uns zu ihm geführt, sondern was uns wieder zum Arunachala gebracht hatte. So sehr hatte er sich mit dem Berg identifiziert. Obwohl seine Antwort auf einem Missverständnis beruhte, freute sie mich sehr, da Bhagavan die alte Verbindung zwischen uns eingestand. So muss ich also immer bei ihm bleiben, bis zur Selbstverwirklichung, nach der es dann kein „er" und „ich" mehr geben wird. Ich sagte deshalb gerne, dass ich noch in diesem Leben das Selbst verwirklichen müsse, oder Bhagavan müsse wiedergeboren werden, damit ich wieder bei ihm sein könne. Deshalb müsse er um seinetwillen dafür sorgen, dass ich mein Ziel in diesem Leben erreiche. Bhagavan lächelte dann immer. Obwohl ich das nur im Spaß sagte, steckte doch eine grundlegende Wahrheit dahinter.

\* \* \*

Bhagavan zeigte großes Interesse am Bau des Schreins über dem Grab seiner Mutter.[1] Er nahm an allem teil, was damit zu tun hatte, und legte seine Hände segnend auf die verschiedenen Gegenstände, die in die Wände eingebaut werden sollten. Nachts, wenn keiner um den Weg war, ging er wiederholt um das Gebäude herum und weihte es. Es hatte eine tiefe Bedeutung, wenn er an etwas so offensichtlichen Anteil nahm. Das kam äußerst selten vor und ist von vielen angezweifelt worden, aber ich selbst war ein Augenzeuge und verbürge mich für die Wahrheit.

---

[1] Sri Ramanas Mutter lebte von 1916 bis 1922 bei ihm auf dem Berg im Skandashram. Als sie starb, legte der Maharshi ihr seine Hände auf Stirn und Herz und bewirkte, dass sie in ihrer Todesstunde die Befreiung erlangte. Sie wurde am Fuße des Berges beigesetzt, wo bald darauf der Ramanashram entstand. Doch erst viele Jahre später wurde über ihrem Grab ein Tempel errichtet. Der Tempelbau dauerte nahezu zehn Jahre. Seine Einweihung war im März 1949, ein Jahr vor Sri Ramanas Tod. Die Feierlichkeiten dauerten vier Tage.

*Sri Chakra*

Bhagavan zeigte persönliches Interesse, als das Sri Chakra Meru[1] in Granit gehauen wurde. Man stellte es auf, als der Tempelbau abgeschlossen war, und es wird regelmäßig verehrt. Es nimmt etwa eine Fläche von 1,40 Quadratmetern ein und ist entsprechend hoch. Während der Einweihungsfeierlichkeiten (Kumbhabhishekam), in der vorletzten Nacht, bevor das geweihte Wasser über die Götterbilder gegossen wird, beaufsichtigte Bhagavan persönlich seine Aufstellung im inneren Schrein. Es war ein ungewöhnlich heißer Abend, und die drei Holzkohlebecken, in denen der Zement zum Schmelzen gebracht wurde, erzeugten noch mehr Hitze. Im unbelüfteten inneren Schrein musste es unerträglich heiß gewesen sein, aber Bhagavan saß dort eineinhalb Stunden lang und erklärte den Arbeitern, was sie zu tun hatten.

Am letzten Abend vor der Einweihungszeremonie ging er in feierlicher Prozession zum neuen Tempel hinüber, öffnete die Türen der Neuen Halle und des Tempels und ging direkt in den inneren Schrein. Dort blieb er für etwa fünf Minuten

---

[1] Das Sri Chakra Meru ist ein pyramidenförmiges Yantra, also ein Kraftdiagramm, das die göttliche Ordnung des Kosmos symbolisiert. Es wird oft wie ein Kultbild verehrt.

vor dem Sri Chakra stehen und legte segnend seine Hände darauf. An jenem Abend war ich die ganze Zeit an seiner Seite. Das war ungewöhnlich, da ich es normalerweise vermied, bei solchen Anlässen hervorzutreten, und alles lieber von hinten beobachtete. Seltsamerweise hielt mich aber diesmal etwas an seiner Seite. Darum konnte ich sein tiefes Interesse am Tempel und besonders am Sri Chakra verstehen. Aus diesem Grund war ich nach Bhagavans Tod auch maßgeblich daran beteiligt, die Verantwortlichen des Ashrams dazu zu überreden, künftig sechsmal monatlich das Sri Chakra *Puja* zu feiern.

Die Erklärung für diese ungewöhnliche Handlung Bhagavans mag man darin finden, dass Shiva immer von Shakti begleitet werden muss.[1] Die Welt würde andernfalls aufhören zu bestehen.

Während seiner Lebenszeit ist eine solche *Puja* nur ein einziges Mal kurz nach der Einweihung des Tempels gefeiert worden. Bhagavan hatte sich geweigert, zum Abendessen zu gehen und darauf bestanden, der *Puja* bis zum Ende beizuwohnen. Jemand meinte, die Feier sei großartig gewesen, und es wäre eine gute Sache, wenn solche *Pujas* regelmäßig stattfinden würden. Da antwortete Bhagavan: „Ja, aber wer wird sich all die Mühe machen?" Jetzt macht man sich die Mühe, und es liegt zweifelsohne Bhagavans Segen darauf.

Ich glaube nicht, dass jemand von denen, die über Bhagavan und den Ashram geschrieben haben, die außerordentliche Tatsache erwähnt hat, dass wir einen Tempel haben, der von einem *Jnani* geweiht worden ist. Es kann nicht viele solcher Tempel geben, und es muss eine tiefe Bedeutung dahinter stecken. Viele Devotees, die heute zum Ashram kommen,

---

[1] Shiva ist der Gott der Auflösung und Zerstörung der Schöpfung, während Shakti, die Gemahlin Shivas, als die Personifizierung der Ur-Energie und der schöpferischen Kraft gilt.

nehmen sich nur Zeit zum Besuch des *Samadhis*, wo Bhagavan begraben liegt. Ich behaupte von mir nicht zu verstehen, warum er das getan hat und was es bedeutet, aber es ist sicher, dass dieser Tempel dadurch für alle Zeiten ein überaus geheiliger Ort ist, von dem spirituelle Kraft über ganz Indien ausstrahlt.

\* \* \*

Bhagavan lehrte, dass die Erfahrungen von Träumen und Wachen genau dasselbe sind. Ich hatte immer Schwierigkeiten, das zu verstehen, und stellte ihm dazu oft Fragen. Er erklärte mir, dass all meine Fragen über Träume nur im Wachzustand auftauchen würden und nie im Traum selbst. Wie also konnten sie da berechtigt sein? Alles ist lediglich eine Projektion des Geistes. Weil man die Träume im Vergleich zum Wachzustand als flüchtig empfindet, denkt man, es gäbe zwischen beiden einen Unterschied. Aber das ist nur scheinbar so und entspricht nicht der Tatsache. Der Traum existiert nur für die Person, die denkt, dass sie wach ist, aber in Wirklichkeit und vom absoluten Standpunkt aus betrachtet ist beides, Traum und Wachzustand, völlig unwirklich. Man hinterfragt nicht seinen Zustand, während man träumt. Nur derjenige, der wach ist, hinterfragt ihn. Ist das etwa begründet?

Obwohl ich Bhagavans Lehre, dass alles nur eine Erscheinung und Erschaffung des Geistes ist, kannte, hatte ich Schwierigkeiten, seine Lehre über die Träume zu verstehen. Im Wachen hat doch alles tagtäglich seine Kontinuität. Jeden Morgen wache ich in derselben Welt auf, während meine Träume immer anders sind und sich voneinander unterscheiden. Doch Bhagavan akzeptierte diesen Unterschied nie und

wiederholte, dass der Einwand nur im wachen Zustand auftauchen würde und nie in den Träumen selbst.

Dann hatte ich folgenden Traum: Ich träumte, dass ich mit
jemandem eine Diskussion über Träume führte, wobei ich
argumentierte: „Was immer du auch sagen magst, Bischof
Berkeley hatte doch recht. Die Dinge existieren nur im
Geist. Außerhalb vom Geist besitzen sie keine Wirklichkeit.
Die Dinge existieren nicht wirklich. Deshalb müssen auch
Träumen und Wachen genau dasselbe sein. Sie sind nur
mentale Konzepte." Der andere erwiderte: „Das sagst du
jetzt. Aber im Traum würdest du nicht so reden." Dann
wachte ich auf und erinnerte mich lebhaft an alles.

Nicht jedem ist klar, wie mein Traum mit oben gesagtem
zusammenhängt. Der springende Punkt ist, dass der Traum
so real war, dass ich nie daran zweifelte, er könne etwas
anderes als der Wachzustand sein. Beide Zustände sind also
genau dasselbe.

* * *

Bhagavan betonte ständig, dass alles im Geist existiert und
der Geist selbst nur ein vorübergehendes Phänomen ist.
„Wer ist es, der hinter dem Geist steckt? Finde ihn, und der
Geist wird von selbst verschwinden." Um das zu tun, muss
man wiederholt die Quelle des „Ichs" durch die Frage: „Wer
bin ich?" ausfindig machen. Dieser Prozess ist oft missver-
standen worden, obwohl Bhagavans Lehre ganz klar ist.
Man soll dabei kein transzendentes absolutes Ich suchen,
sondern das Ego und den Punkt, wo es entspringt. Wenn
man es findet, fällt das Ego von alleine ab, und man weiß, es
gibt nur das Selbst. Es ist so, wie wenn man einen Strom
durch das Gebirge zu seiner Quelle zurückverfolgt. Hat man

die Stelle erreicht, wo er entspringt, existiert der Strom nicht länger. Quelle, Geist und Ego sind ein und dasselbe und können nicht voneinander getrennt existieren. Der Geist kann das Selbst nicht erkennen, denn wie könnte er das erkennen, was jenseits von ihm ist? Deshalb ist es selbst für den *Jnani* unmöglich, seinen Zustand mit Worten zu erklären, denn Worte gehören nur dem Geist an. Es zu kennen heißt, es zu sein. Es gibt keinen anderen Weg.

Bhagavan sagte, der Geist sei wie ein Affe, der nicht für eine Sekunde Ruhe geben könne. Es ist fast hoffnungslos, ihn beruhigen zu wollen. Das Beste ist, ihm eine sinnvolle Beschäftigung zu geben und ihm nicht zu erlauben, sich zu verzetteln und endlosen Gedankengebilden nachzuhängen. Er soll sich auf die Suchfrage „Wer bin ich?" konzentrieren. Dann wird es keinen Raum mehr für andere Gedanken geben. Es ist, wie wenn man einen Dorn dazu benutzt, einen anderen Dorn aus dem Fuß zu ziehen. Trotzdem sagte Bhagavan oft zu uns: „Gib dir Mühe, mühelos zu sein." Das setzt allerdings voraus, dass der Geist bereits in der Lage ist, sich in sich selbst zurückzuziehen.

* * *

*Shiva Dakshinamurti von Gabriele Ebert*

Viele Leute identifizierten Bhagavan mit Dakshinamurti, dem schweigenden Guru. Obwohl er nicht so wortkarg war, wie oft behauptet wurde, sprach er durch sein tiefgründiges Schweigen zu den Herzen seiner Schüler. Die Menschen kamen voller Zweifel zu ihm, saßen in seiner Gegenwart und gingen wieder, ohne eine einzige Frage gestellt zu haben, und all ihre Zweifel waren beseitigt. Er selbst sagte: „Schweigen ist das beste *Upadesa*, aber es ist nur für fortgeschrittene Schüler geeignet. Die anderen können keinen rechten Nutzen daraus ziehen. Sie sind an Worte gewöhnt, die die Wahrheit erklären. Aber die Wahrheit ist jenseits der Worte. Man kann sie nicht erklären. Vorträge mögen die

Menschen für einige Stunden unterhalten, ohne etwas bei ihnen zu bewirken. Die Wirkung des Schweigens ist jedoch dauerhaft und nützt allen. Selbst wenn es nicht verstanden wird, macht das nichts. Mündliche Belehrungen sind nicht so beredt wie das Schweigen. Schweigen ist ununterbrochenes Gespräch. Dakshinamurti, der größte unter den Meistern, ist dafür das Vorbild. Er lehrte in Schweigen."

In jedem südindischen *Shiva*-Tempel ist an der Südwand eine Statue Dakshinamurtis zu finden, die täglich verehrt wird. Dakshinamurti ist der Gott, der nach Süden schaut. Er sitzt unter einem Banyan-Baum, und zu seinen Füßen sitzen seine vier Schüler. Sein linkes Bein liegt auf dem rechten Knie, und sein rechter Fuß steht auf einer Gestalt, die das Ego verkörpert. Er hat vier Arme. Eine Hand segnet mit der mystischen Geste des Chinmudra[1], mit den anderen drei Händen hält er eine Fackel (für die Erleuchtung), ein Buch (für die Weisheit) und eine Trommel (oder Damaru für den schöpferischen Klang).

Die Geschichte über Dakshinamurti ist folgende:

Brahma [der Weltenschöpfer] war von der Erschaffung der Welt müde und wollte sich erholen. Deshalb erschuf er die vier Kumaras [Söhne Brahmas], die seinen Platz einnehmen sollten. Die Kumaras wollten seine Aufgabe aber auf keinen Fall übernehmen, sondern verlangten von ihm die Einweihung in das Geheimnis, wie die endgültige Befreiung zu erlangen sei. Ihr Vater verweigerte sie ihnen. Deshalb verließen sie ihn, um anderswo danach zu suchen. Schließlich begegneten sie einer Furcht einflößende Gestalt, die unter einem Banyan-Baum saß [Dakshinamurti]. Sie blieben bei Dakshinamurti und erhielten die Belehrung, die sie gesucht

---

[1] Ein Mudra ist eine symbolische Handhaltung. Im Chinmudra, der Geste der Weisheit, werden Daumen und Zeigefinger zusammengelegt, während die übrigen drei Finger abstehen.

hatten. Sie wurde in Schweigen erteilt, da kein Wort das auszudrücken vermag, was jenseits aller Worte ist, und kein Geist das begreifen kann, was jenseits des Geistes ist. Das Schweigen ist die vollkommenste Lehre von allen. Dakshinamurti ist als der schweigende Guru bekannt. Er ist der Guru aller Gurus. Obwohl er täglich in jedem südindischen *Shiva*-Tempel verehrt wird, gibt es wenige Tempel, die ihm geweiht sind. Dakshinamurti ist ein Aspekt des asketischen *Shiva*.

Wie beredt Schweigen für einen ernsthaften Sucher sein kann, illustriert folgende Episode, die ich vor einigen Jahren persönlich in der Alten Halle beobachtet habe:

Ein Herr aus Kashmir besuchte den Ashram mit seinem Diener, der nur seine Muttersprache Kashmiri verstand. Eines Abends, als es in der Halle dunkel war – vom schwachen Schein einer einzelnen Sturmlaterne abgesehen – kam der Diener herein. Er stand respektvoll vor Bhagavan und sagte sehr schnell etwas in seiner Muttersprache. Bhagavan rührte sich nicht und sagte nichts, schaute ihn aber an. Nach einer Weile verließ der Diener grüßend die Halle.

Am nächsten Morgen kam sein Herr zu Bhagavan und beschwerte sich: „Bhagavan, warum hast du mir nicht gesagt, dass du Kashmiri sprichst?"

„Warum, was meinst du?" fragte Bhagavan. „Ich verstehe kein einziges Wort deiner Sprache." Er wollte wissen, wie er auf diese absurde Idee gekommen sei. Der Herr erklärte: „Letzte Nacht kam mein Diener zu dir und stellte dir in seiner Muttersprache Fragen. Er hat mir erzählt, dass du sie ihm alle in derselben Sprache beantwortet und seine Zweifel geklärt hast." „Aber ich habe meinen Mund überhaupt nicht aufgemacht", entgegnete Bhagavan.

* * *

Bhagavan mochte es nicht, wenn man ihn berührte. Die einzigen, die ihn berühren durften, waren seine persönlichen Betreuer. Die Menschen wollten ihre Köpfe auf seine Füße legen oder Girlanden um seinen Hals hängen. Das artete zu einer solchen Belästigung aus, dass man um sein Sofa einen niedrigen Zaun aufstellen musste, um die Leute daran zu hindern, ihm zu nahe zu kommen. Vielleicht hat er auch deshalb niemals die Einweihung durch Berührung gegeben.

Es mag überraschen, aber manche Leute nahmen großen Anstoß daran, dass sie ihn nicht berühren durften. Sie betrachteten ihn als öffentliches Eigentum und dachten, jeder hätte das Recht, ihm nach Belieben lästig zu fallen. Als ihn einmal eine alte Frau belästigen wollte, empörte sich ein Mann in meiner Nähe heftig darüber, dass man sie wiederholt zurückhielt. „Warum soll sie es nicht tun, wenn sie möchte?", meinte er. An Bhagavans Annehmlichkeit dachte er überhaupt nicht.

* * *

Es gibt drei Arten der Einweihung[1]: Entweder legt der Guru seine Hände auf den Schüler – gewöhnlich legt er sie auf seinen Kopf – oder er flüstert ihm ein Mantra ins Ohr, oder er blickt ihm in die Augen. Bhagavan gab die Einweihung gewöhnlich nur durch den Blick, obwohl er nie sagte, dass er überhaupt jemanden einweihte. Es geschah ohne alles Drum

---

[1] Durch die formelle Einweihung wird die Meister-Schülerschaft begründet. Der Guru nimmt den Schüler an und übermittelt ihm seine Lehre. Dafür ist der Schüler dem Guru treu ergeben.

und Dran. Er weigerte sich immer, seine Hände auf den Kopf einer Person zu legen, obwohl ihn viele darum baten. Doch ich weiß von einer Ausnahme:

Ein alter *Sannyasin* besuchte Bhagavan. Er war ein ehemaliger Bahnhofsvorsteher aus dem Distrikt Mysore. Bhagavan verhielt sich ihm gegenüber von Anfang an sehr wohlwollend und ungewöhnlich freundlich. (Wenn Bhagavan auch nicht anders konnte, als gütig zu allen zu sein, schien es doch nach außen hin nicht immer so.) Bevor er mit seinem Freund, der übersetzt hatte, den Ashram wieder verließ, ging er in die Halle, die gerade leer war. Bhagavan war soeben von seinem Spaziergang nach dem Mittagessen zurückgekommen und hatte sich auf seine Couch gesetzt. Der *Sannyasin* bat Bhagavan, die Hände auf seinen Kopf zu legen, kniete sich neben der Couch nieder und lehnte seinen Kopf dagegen. Bhagavan wandte sich ihm zu und legte schweigend einige Minuten lang beide Hände auf seinen Kopf. Dann stand der *Sannyasin* auf und verließ tief bewegt die Halle.

Bhagavan riet seinen Schülern grundsätzlich davon ab, sich die beschwerliche Aufgabe eines Gurus aufzubürden. Das würde nur zu Schwierigkeiten führen. Die Schüler würden unmögliche Dinge von ihrem Guru erwarten, und so würde er unweigerlich auf Tricks zurückgreifen, um sie nach Möglichkeit zufriedenzustellen. Selbst wenn er Wunder vollbringen könnte, waren das Dinge, die er vermeiden sollte, da sie unbeständig sind und ihn nur vom wirklichen Pfad ablenken würden.

Anantanarayana Rao war einer von Bhagavans Helfer während seiner letzten Krankheit. Er erzählte, dass er Bhagavan einmal darum gebeten habe, um seiner Devotees willen doch sein Leben zu verlängern. Darauf erwiderte Bhagavan: „Die Hauptaufgabe eines Gurus besteht darin, in seinen Schülern die Gewissheit über seine Existenz zu festigen. Wenn er das getan hat, steht es ihm frei, seinen Körper zu verlassen." Das ist wiederum ein Beweis dafür, dass Bhagavan zugab, der Guru von Schülern zu sein.

* * *

*Sri Ramana mit einem westlichen Besucher*

Bhagavan wies uns an, dass es für unser *Sadhana* grundlegend wichtig sei, nur *sattwische* Nahrung zu uns zu nehmen und *Satsang* zu pflegen. Andere Regeln legte er nicht fest.

Er sagte, dass der Geist völlig auf der Nahrung basiere. Unsere Ernährung sollte deshalb gesund und strikt vegetarisch sein. Er mischte sich jedoch bei niemandem ein und wollte auch keinem etwas aufzwingen.

Das Essen im Ashram war sehr scharf. Südinder sind daran gewöhnt. Bhagavan beanstandete das nie. Er war ja selbst Südinder.

Seine Einstellung war, dass die Leute schon wussten, wie sie sich ernähren sollten, und wenn sie es anders damit halten wollten, war das ihre Sache. Er war jedoch strikt dagegen, Fleisch zu essen.

Am Anfang meines Aufenthalts hatte jemand das Gerücht verbreitet, dass ich Fleischgerichte in meiner Küche zubereiten würde. Natürlich war das eine Lüge. Meine Nahrung war noch *sattwischer* als das Ashramessen. Als Bhagavan das hörte, meinte er: „So etwas wollen wir hier nicht haben."

Was *Satsang* angeht, liegt das Ideal darin, mit einem verwirklichten Weisen zu leben, da die Gesellschaft, in der wir sind, eindeutig auf uns abfärbt. Wenn das aber nicht möglich ist, sollten wir unseren Umgang äußerst sorgfältig auswählen und unerquickliche Bekanntschaften meiden.

Bhagavan lehrte keine Moral und hatte keine besondere Abneigung gegen Sex. Ich hörte ihn einmal zu einigen geplagten Schülern sagen: „Es ist besser, es zu tun, als immer daran zu denken." Das erinnert an die Bhagavadgita, wo es heißt: „Gedanken sind Taten in der Fantasie." Immer daran zu denken bedeutet, es wiederholt zu tun.

Natürlich erwartete er von *Sadhus*, dass sie ein anständiges Leben führten und anderen mit gutem Beispiel vorangingen. Vor allem sollten wir in allen Dingen mäßig sein, selbst in denen, die wir für gut halten. Auch in unserem *Sadhana* ist Mäßigkeit zu empfehlen, so seltsam es klingen mag. Übertriebene Enthaltsamkeit und zu lange und unnatürlich erzwungene Meditation können gelegentlich zu Wahnsinn führen, es sei denn wir tun solche Dinge unter geeigneter Führung.

\* \* \*

Einmal habe ich Bhagavan wirklich ärgerlich erlebt. Die Atmosphäre in der Halle war so geladen, dass man sich fürchteten musste. Es geschah bei folgendem Anlass:

Ein populärer *Swami* hatte die Stadt besucht. Er gab Hinz und Kunz, einfach jedem, der zu ihm kam, ohne jegliche Vorbereitung die Einweihung. Er lehrte eine Form der Atemkontrolle, die sehr gefährlich werden konnte, wenn man sie uneingeschränkt übte. Für kurze Zeit war er sehr populär, geriet dann aber glücklicherweise bald wieder in Vergessenheit. Die wenigen, die seine Lehre noch befolgten, schafften rechtzeitig den Absprung. Doch einige Opfer blieben auch auf der Strecke und wurden krank. Swami Ramdas hat in einem seiner Bücher von diesem Mann berichtet.

Eines Abends vor dem Essen kamen zwei Schüler dieses *Swamis* in die Halle. Sie stellten Bhagavan einige Fragen, die er bereitwillig beantwortete. Sie akzeptierten jedoch keine seiner Antworten und versuchten wiederholt, ihn ins Unrecht zu setzen. Bhagavan war mit ihnen sehr geduldig und versuchte lange, sie eines Besseren zu belehren. Schließlich wurden sie so unverschämt, dass Bhagavan aufbrauste und in Furcht erregender Weise auf sie losging. Sie waren aber derart abgebrüht, dass es wenig Eindruck auf sie machte. Man warf sie schließlich gewaltsam aus der Halle und vertrieb sie aus dem Ashram. Bhagavan meinte: „Sie kamen her, weil sie die Lehre untergraben wollten."

Unmittelbar nachdem die Männer die Halle verlassen hatten, war bei Bhagavan weder ein Anzeichen von Ärger zu bemerken, noch war die geringste Unruhe bei ihm zurückgeblieben. Alles war nur an der Oberfläche geschehen. Unmittelbar darauf kam jemand in die Halle und stellte einige ganz gewöhnliche Fragen. Bhagavan antwortete völlig ruhig, als wäre nichts geschehen. Er hatte den ganzen Vorfall offensichtlich schon völlig vergessen.

\* \* \*

Während eines Gesprächs mit Bhagavan machte ich die Bemerkung, dass ich den Körper gerne loswerden würde. Bhagavan erwiderte: „Ein Mann streift seine Kleider ab und ist nackt und frei, aber das Selbst ist unbegrenzt und in keiner Weise auf den Körper beschränkt. Wie also könnte man den Körper loswerden? Wo könnte das Selbst ihn lassen? Das Selbst ist allumfassend. Das Selbst ist überall. Die letzte Wahrheit ist so einfach. Sie ist nichts weiter, als im eigenen, natürlichen und ursprünglichen Zustand zu sein.

Man muss sich allerdings sehr darüber wundern, dass so viele Religionen dafür nötig sein sollen, um so eine einfache Wahrheit zu lehren, und dass es zwischen ihnen so viele Streitereien darüber geben muss, welches die von Gott gewollte Lehre ist. Was für ein Jammer! Sei einfach nur das eigene Selbst, das ist alles."

Ich meinte, dass die Leute nichts Einfaches wollten. „Genau", antwortete Bhagavan, „sie wollen etwas Kompliziertes und Geheimnisvolles. Deshalb gibt es so viele Religionen. Der Christ zum Beispiel wird erst dann zufrieden sein, wenn man ihm sagt, Gott sei irgendwo im Himmel verborgen und könne ohne die Hilfe der Kirche nicht erreicht werden. Denn Christus allein kenne Gott wirklich, und er alleine könne uns zu ihm führen. Wenn man ihnen aber die einfache Wahrheit sagt: „Das Reich Gottes ist in euch", dann sind sie damit nicht zufrieden und lesen irgendeine komplizierte und weit hergeholte Bedeutung hinein. Nur diejenigen, die reif dafür sind, können die Wahrheit in ihrer nackten Einfachheit verstehen.

\* \* \*

Während des Krieges kam ein kleiner Mann zum Ashram, um dort zu bleiben. Er war halb Inder und halb Japaner, obwohl er fast ganz indisch aussah. Er besaß ein Buch von Krishnamurtis Gesprächen, die ihn sehr interessierten und zu denen er Bhagavan viele Fragen stellte. Bhagavan verhielt sich ihm gegenüber sehr wohlwollend und geduldig. Im Nachhinein kam es mir fast so vor, dass Bhagavan so teilnahmsvoll war, weil er sein Schicksal voraussah. Als er sich nämlich eines Tages an der örtlichen Schule als professioneller Fotograf ausgab, ärgerte er die Jungen mit irgendetwas. Sie begannen ihn zu foppen. Dabei wurde ihm seine Armbanduhr entrissen, die sich als eine Art Miniaturfunkgerät entpuppte. Daraufhin wurde er von der Polizei als japanischer Spion verhaftet und erlitt vielleicht sein unvermeidliches Ende. Jedenfalls sahen wir ihn nie wieder. Was wir wissen ist lediglich, dass er von Bhagavan gut darauf vorbereitet worden ist.

\* \* \*

Eines Tages erzählte uns Bhagavan, dass der Körper des Tamilheiligen Manikkavasagar[1] in einem Lichtstrahl verschwunden sei, ohne eine Spur zu hinterlassen. Ich fragte ihn, wie das geschehen sei, und er erklärte mir, der Körper sei verfestigter Geist. Wenn sich der Geist in *Jnana* auflöse und sich im strahlenden Licht selbst verzehre, werde der Körper dabei mitverbrannt. Er führte Nandanar als ein weiteres Beispiel an.

---

[1] einer der großen shivaitischen Heiligen Südindiens aus dem 7./8. Jh.

Ich erwähnte Elija in der Bibel, der in einem Feuerwagen zum Himmel emporgetragen wurde, als ein poetischer Ausdruck desselben Geschehens. Ich fragte, ob das Verschwinden Christi aus dem Grab irgendwie damit vergleichbar sei, aber Bhagavan betonte, dies sei etwas völlig anderes gewesen. Christi Leib blieb noch einige Zeit nach seinem Tod zurück, während die Körper der anderen sofort völlig verzehrt wurden. Er erklärte, dass der feinstoffliche Körper aus Licht und Klang bestehe und der grobstoffliche eine konkrete Gestalt desselben sei.

\* \* \*

Die Leute behaupten oft, Bhagavan sei ein *Avatar*, um damit seinen Ruhm zu vergrößern. Aber abgesehen davon, dass man wohl jeden Menschen als *Avatar* bezeichnen kann, da jeder von uns Gott in Menschengestalt ist, gibt es überhaupt keinen Grund, so etwas von ihm zu sagen.

Eines Tages forderte ein *Sannyasin* Bhagavan auf sehr aggressive und ungehörige Weise heraus. Er gehörte einem bekannten Orden an, der glaubte, nur ihr Guru hätte Selbstverwirklichung erlangt.

*Sadhu*: „Die Leute sagen, dass du ein *Avatar Subramaniams* bist. Was sagst du dazu?"

Bhagavan schwieg.

*Sadhu*: „Wenn dem so ist, warum schweigst du dann darüber? Warum sprichst du es nicht aus und sagst uns die Wahrheit?"

Bhagavan gab keine Antwort.

*Sadhu*: „Sag es uns! Wir wollen es wissen!"

Bhagavan ruhig: „Ein *Avatar* ist nur eine teilweise Manifestation Gottes, während ein *Jnani* Gott selbst ist."

Hierin liegt der ganze Unterschied zwischen *Advaita* und den anderen philosophischen Richtungen. In *Advaita* ist alles nichts anderes als das Selbst. Es gibt keinen Platz für spezielle Manifestationen wie *Avatare*. Ein Mensch ist entweder selbstverwirklicht oder er ist es nicht. Es gibt keine Grade dazwischen.

\* \* \*

Viele Leute behaupteten, dass Bhagavan keine Einweihung geben würde und dass er keine Schüler habe. Doch diejenigen, die mit ihm lebten, zweifelten nicht daran, dass zwischen ihnen und Bhagavan eine Beziehung bestand. Ich wollte wissen, was Bhagavan selbst dazu sagte. Eines Abends nach dem Essen führten wir folgendes Gespräch:

Schüler[1]: „Bhagavan sagt, er habe keine Schüler."

Bhagavan, mich argwöhnisch betrachtend: „Ja."

Schüler: „Aber Bhagavan sagt auch, dass für die Mehrheit der spirituell Suchenden ein Guru nötig sei."

Bhagavan: „Ja."

Schüler: „Was soll ich dann tun? Ich bin von weit her zu Bhagavan gekommen und sitze nun all die Jahre zu seinen Füßen. War die ganze Zeit vergeudet? Muss ich jetzt aufbre-

---

[1] Gemeint ist Chadwick, der durch einen Übersetzer folgende Fragen stellte.

chen und in Indien umherwandern, um einen Guru zu suchen?"

Unglücklicherweise war mein Übersetzer an der Antwort Bhagavans so sehr interessiert, dass er ihn nicht unterbrechen wollte, um sie vollständig für mich zu übersetzen. Ich muss an dieser Stelle anmerken, dass es extrem schwierig war, ein Gespräch mit Bhagavan zu übersetzen. Bhagavan sprach so schnell, dass es manchmal schwer war, genau zu erfassen, was er sagte. Der Übersetzer wollte alles verstehen und war an dem Thema so sehr interessiert, dass er keine Zeit fand, mehr als gelegentlich einen Satz zu wiederholen. Oft waren die Übersetzer auch zu scheu, Bhagavan zu bitten, er möge warten, damit sie Satz für Satz übersetzen konnten, was er immer bereitwillig tat.

Um mit Bhagavans Antwort fortzufahren, seine Kernaussage war folgende: Für den *Jnani* sind alle eins. Er sieht keinen Unterschied zwischen Guru und Schüler. Er kennt nur das eine Selbst und keine Myriaden von Ichs wie wir. Wie könnte es deshalb für ihn einen Unterschied zwischen den Menschen geben? (Das nachzuvollziehen ist für uns fast unmöglich. Wie kann er gleichzeitig beides sehen: Unterschiede und keine Unterschiede? Aber er tut es offensichtlich. Er beantwortet Fragen, erörtert Dinge und tut alles genauso wie wir. Dennoch, ich wiederhole es: Es existiert für ihn nur ein Selbst, und dieses Leben ist für ihn nur ein Traum.) Aber für den Sucher ist der Unterschied zwischen den Menschen sehr real. Für ihn gibt es zweifellos die Beziehung von Meister und Schüler. Wenn dem nicht so wäre, „warum ist er dann Tausende von Meilen zu diesem Ort gekommen und hier geblieben?", antwortete Bhagavan und meinte damit mich. Um des Suchers willen nimmt Gott in seiner Gnade eine Gestalt an, um ihn in den gestaltlosen Zustand zu führen. „Bezweifelt er das etwa?", fragte er. „Frage ihn, ob er will, dass ich es ihm schriftlich gebe? Rufe den Standesbeamten

Narayanier herbei und bitte ihn, ein Dokument für ihn auszustellen." Und später fügte er noch humorvoll hinzu: „Geh und hole den Bürostempel und stemple ihn damit. Wird ihn das überzeugen?"

Es ist fast unmöglich, die beiden Sichtweisen des *Jnani* und des Schülers miteinander zu vereinbaren. Jedenfalls klärte Bhagavan durch dieses Gespräch die Zweifel von vielen, wenn es auch noch immer einige gibt, die behaupten, es sei zwecklos, zu Bhagavan zu gehen, weil er keine Einweihung gäbe und nicht einmal die Beziehung von Meister und Schüler anerkenne.

* * *

Als jemand davon erzählte, was er alles tue, fragte ihn Bhagavan: „Warum denkst du, dass du der Täter bist? Darin liegt die ganze Schwierigkeit. Das ist völlig absurd, denn es ist für alle offensichtlich, dass das wahre ,Ich' nichts tut. Es ist nur der Körper[1], der handelt. Das wahre ,Ich' ist immer der Beobachter. Wir verbinden uns so intensiv mit unseren Gedanken und Taten, dass wir ständig sagen: ,Ich habe dies oder das getan', obwohl wir überhaupt nichts getan haben. Konzentriere dich darauf, dass du der Beobachter bist, und lass den Dingen ihren Lauf. Sie werden sowieso geschehen. Du kannst es nicht verhindern."

Genau das ist der Punkt! Die Dinge geschehen in jedem Fall. Bhagavan lehrte, dass wir zwar nicht die Macht haben, sie zu verhindern, doch wir haben die Macht, sie von einem neutralen Standpunkt aus zu betrachten, als Zeuge und nicht

---

[1] Der Körper ist ganzheitlich gemeint und beinhaltet neben der stofflichen Ebene auch das Gefühl und den Verstand.

als Täter. Das ist der Lebenszweck, und genau darum geht es im *Sadhana*.

Ich möchte aus Devaraja Mudaliars Erinnerungen „My Recollections" eine Stelle zitieren, die sich direkt darauf bezieht. „Die einzige Freiheit, die der Mensch hat, ist die, nach *Jnana* zu streben und es zu erlangen, was ihn befähigen wird, sich nicht mehr mit dem Körper zu identifizieren. Der Körper wird die Handlungen ausführen, die für ihn durch *Prarabdha* vorherbestimmt sind. Der Mensch ist frei, sich mit dem Körper zu identifizieren und an den Früchten seiner Handlungen zu haften oder ohne Anhaftung ein reiner Beobachter seiner Taten zu sein."

Um diese Loslösung zu erlangen, lehrte Bhagavan die Methode der Selbstergründung „Wer bin ich?". Wenn wir damit Erfolg haben, werden wir die Handlungen nicht länger als unsere eigenen ansehen, sondern sie lediglich als ein notwendiges Tun des Ganzen betrachten.

\* \* \*

Bhagavan war nie bei guter Gesundheit, v.a. nicht, als er die Dreißig überschritten hatte. Das rührte ohne Zweifel von der Überanstrengung her, die er seinem Körper in den ersten Jahren in Tiruvannamalai zugemutet hat. Jahrelang litt er an Asthma. Ein Foto, das im Skandashram von ihm gemacht wurde, zeigt ihn nahezu als Skelett. Nach fünfzehn Jahren hörte das Asthma plötzlich ohne ersichtlichen Grund fast völlig auf, wie er mir erzählte. Er war jedoch immer für Erkältungen anfällig und hatte häufig Verdauungsstörungen. Später hatte er immer größere Schwierigkeiten mit dem Gehen. Unzählige Öle wurden ausprobiert, mit denen er morgens und abends einmassiert wurde, aber es hatte kaum eine Wirkung.

Eines frühen Morgens im April 1942, als Bhagavan von seinem Spaziergang auf den Berg zurückkam, hatte er einen bösen Unfall. Eines seiner Lieblings-Streifenhörnchen rannte ihm über den Weg, als er gerade die Steinstufen bei der Apotheke herunterkam. Das Streifenhörnchen wurde vom

Ashramhund verfolgt. Bhagavan streckte dem Hund seinen Stock entgegen, um ihn aufzuhalten, rutschte aus, fiel die Stufen hinunter und brach sich das Schlüsselbein. Das war natürlich sehr schmerzhaft. Er wurde von einem örtlichen Knocheneinrichter behandelt und war in zwei Wochen schon wieder ganz gesund. Währenddessen waren wir aber sehr um ihn besorgt.

1947 wurde ihm ein Medikament gegen seinen Rheumatismus verordnet, das aber kaum wirkte. Dafür löste es einen heftigen Schluckauf aus, der viele Tage anhielt. Der Arzt war unfähig, die Attacken auch nur zu lindern. Eigentlich hätte das nicht passieren dürfen, denn auf dem Beipackzettel stand, dass der Patient auf bestimmte Symptome hin sorgfältig beobachtet werden müsse. Bhagavan erzählte später, er habe bemerkt, dass sein Urin sehr gelb geworden war – eines der Hauptsymptome – doch keiner hatte es bemerkt. Wir alle waren damals sehr alarmiert, aber schließlich hörten die Attacken von selber auf. Doch so lange sie andauerten, waren alle im Ashram in höchstem Maße angespannt, da wir uns völlig hilflos fühlten und nichts tun konnten.

* * *

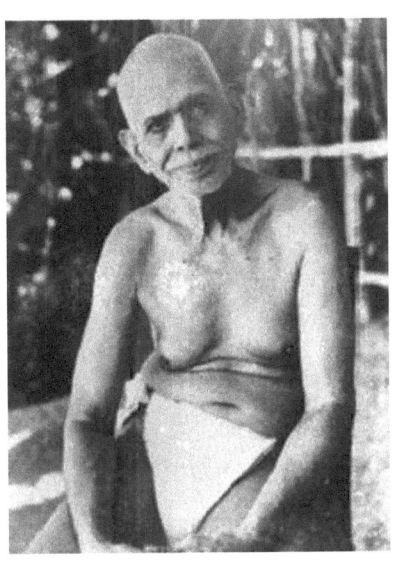

Am 5. Februar 1949 nahm die Tragödie von Bhagavans letzter Krankheit ihren Anfang. Bhagavan hatte häufig seinen linken Ellbogen gerieben, der ihm irgendwelche Beschwerden verursachte. Sein Helfer untersuchte die Stelle, um zu sehen, was ihm Schwierigkeiten machte. Er fand eine kleine, nur erbsengroße Geschwulst und meldete es ordnungsgemäß dem damaligen Ashramarzt. Der Arzt war der Ansicht, es sei nur eine Kleinigkeit, und das Geschwür solle unter örtlicher Betäubung entfernt werden. Er beriet sich mit keinem anderen Arzt, obwohl man ihn darauf hingewiesen hatte, dass Bhagavan keine gewöhnliche Person sei und viele Ärzte von Madras bereitwillig zu einer Konsultation kommen würden. Man hatte ihm geraten, abzuwarten und nichts zu tun, ohne ihre Meinung eingeholt zu haben. Er bestand aber darauf, die Operation durchzuführen. Ein anderer Arzt, der gerade im Ashram war, erklärte sich widerstrebend bereit, die örtliche Betäubung vorzunehmen.

Eines Morgens vor dem Frühstück wurde die Operation in aller Stille in Bhagavans Badezimmer durchgeführt. Es wurde ein kleiner Schnitt gemacht – wie man mir sagte, war er zu klein. Und das Geschwür wurde nur oberflächlich herausgeschnitten, wie sich später herausstellte. Bhagavan hat die Operation nie gewollt und den Ärzten gesagt, sie sollten der Natur ihren Lauf lassen. Doch sie entschlossen sich, es durchzuführen. Das war der Anfang vom Ende. Der Vorhang des letzten Aktes begann sich zu senken. Das Geschwür stellte sich als Sarkom heraus.

Einen Monat später wurde eine weitere Operation von einem führenden Madraser Chirurgen in der Ashram-Apotheke durchgeführt, diesmal unter Vollnarkose. Wenn auch vorübergehend eine Besserung eintrat, wuchs das Geschwür doch nach und wurde größer. Man versuchte es mit Radium, konnte seine Wirkung aber nicht kontrollieren.

Im Juli blutete das Geschwür und war septisch geworden. Die Ärzte besprachen sich mit Bhagavan und teilten ihm mit, dass die einzige Hoffnung in der Amputation des Armes bestünde, was er aber rundweg ablehnte. Das war das einzige Mal, dass er aktiv bestimmte, was mit ihm während seiner Krankheit geschehen sollte. Seine Einstellung war, sie tun zu lassen, was sie wollten, obwohl er ihnen die ganze Zeit sagte, es wäre besser, nicht einzugreifen und der Natur ihren Lauf zu lassen. Doch keiner schenkte ihm Beachtung.

Es wurden insgesamt vier Operationen durchgeführt, die kleine schicksalhafte zu Beginn eingeschlossen. Bhagavan wurde immer schwächer. Ein paar Tage versuchte ein Homöopath seine Kunst. Er bestand darauf, dass Bhagavan eine strikte Diät einhalten müsse. Sie bekam ihm aber überhaupt nicht und verursachte nur Komplikationen und unaussprechliches Leiden. Ein Mann aus der Gegend versuchte es dann mit einer Kräuterbehandlung und legte ihm ätzende Breiumschläge auf, die eine Blutvergiftung verursachten. Ein anderer Mann kam mit dem Flugzeug aus Kalkutta angereist und versuchte eine Siddha-Behandlung[1], aber sie verschlimmerte den Zustand Bhagavans so sehr, dass er sich weigerte, die Medizin weiter einzunehmen, da er wegen ihr nicht mehr urinieren konnte. Im März hatte man alle Hoffnung aufgegeben.

Die Allopathen betrieben viel Aufwand mit ihren Behandlungsmethoden. Sie kamen mit einem Lastwagen voller Geräte und Materialien und installierten für eine diathermische Behandlung einen eigenen Schaltkreis zum Hauptstromnetz. Bei der letzten Operation assistierten nicht weniger als zehn Ärzte. Bhagavan fiel dabei fast in Ohnmacht und musste mit einer Bluttransfusion wieder zu Kräften gebracht werden.

Am Abend vor dieser letzten Operation ging ich zu Bhagavan und bat ihn auf Knien, sich ihr nicht zu unterziehen. Es war völlig klar, dass sie nichts Gutes bewirken konnte. Jedes Mal war der Tumor danach größer geworden und hatte sich inzwischen bis zur Achselhöhle ausgebreitet. Ich flehte ihn an, uns dieses unsinnige zusätzliche Leiden zu ersparen, aber er wollte es nicht. Er meinte, die Ärzte hätten sich so viel Mühe gegeben, dass es ein Jammer wäre, sie jetzt zu enttäuschen.

Erst als die allmächtigen Ärzte endgültig versagt und alle Hoffnung aufgegeben hatten, durften andere Behandlungsmethoden versucht werden. Natürlich war es dann dafür zu spät. Die Ärzte hielten die anderen Behandlungsmethoden für wirkungslos und behielten damit natürlich Recht, da sie diese bis zuletzt nicht zugelassen hatten. Aber Bhagavans Haltung war immer gewesen, jedem eine Chance zu geben. Keiner sollte enttäuscht werden.

---

[1] eine Behandlungsform des Ayurveda

Die etwa einjährige Dauer der schrecklichen Krankheit war für jeden eine Vorwarnung, dass das Ende unausweichlich war und nicht mehr lange auf sich warten ließe. So bewahrte uns Bhagavan in seinem Erbarmen vor einem plötzlichen Schock. Keiner konnte sagen, es sei überraschend gekommen. Bhagavan wies seine Schüler wiederholt darauf hin, dass es absolut keinen Unterschied machte, wenn er körperlich nicht mehr da sein würde. „Wohin kann ich gehen? Ich werde immer hier sein."

Vielleicht ist es gut, wenn ich an dieser Stelle meine verurteilende Haltung den Ärzten gegenüber erkläre. Der Grund liegt in meinem Glauben, dass wir Bhagavan vorbehaltlos gehorchen sollten. Zweifelsohne fehlen wir oft. Wir sind schwach, und unsere *Vasanas* sind mächtig, aber hier wäre eine Möglichkeit gewesen, es zu tun, ohne uns selbst Ungelegenheiten zu bereiten. Er sagte: „Lasst der Natur ihren Lauf!", aber wir beachteten ihn nicht. Wir wussten es natürlich besser als er. Was für eine unbeschreibliche Arroganz!

Am letzten Abend vor seinem Tod lag Bhagavan in dem kleinen Zimmer, das ursprünglich als Lagerraum gebaut worden war, nachdem er in die große Halle umgezogen war. Wir saßen auf der Veranda des Tempels dem kleinen Raum gegenüber. Unsere einzige Sicht ins Zimmer war durch ein kleines Belüftungsfenster gegeben, das etwa 1,80 Meter hoch lag. Da wir auf dem Boden saßen, hatten wir natürlich keine Sicht ins Innere, wo er lag. Die regelmäßige Bewegung eines Fächers, der vor- und zurückschwang, war alles, was wir sehen konnten. Dieser Fächer wurde von jedem ängstlich beobachtet, denn wenn er stillstand, wussten wir, dass das Ende gekommen war.

Die Verantwortlichen des Ashrams waren besorgt, es könnte unter der warteten Menge ein Tumult entstehen. Eine bestimmte Clique hatte nämlich Vorbereitungen getroffen, den toten Körper Bhagavans nach Möglichkeit wegzubringen und außerhalb des Ashrams zu beerdigen. Das wäre sowieso unmöglich gewesen, denn überall standen Polizisten herum, und die Mehrheit wollte keinen Skandal. Dennoch waren die Verantwortlichen in Alarmbereitschaft. Eine Stunde vor Bhagavans Ende veranlasste deshalb der Ashram-Verwalter, dass der anwesende Gebietsamtsarzt öffentlich verkündete, in dieser Nacht bestehe keine unmittelbare Lebensgefahr für Bhagavan. Das war skandalös. Natürlich gingen viele Leute zum Abendessen heim und versäumten die letzten Augenblicke in Bhagavans Leben.

Amerikanische Reporter und Fotografen, die auf einen sensationellen Knüller aus waren, waren ebenfalls vor Ort. Sie wohnten weniger als eine halbe Meile vom Ashram entfernt. Einer von ihnen, der gerade vor dem Haus stand[1], erblickte plötzlich am Himmel einen sehr hellen Stern oder Meteor, der langsam nach Norden über den Gipfel des Berges zog. Er rief die anderen herbei. Sie kamen eilig heraus und beobachteten dasselbe Phänomen. Alle waren sich darin einig, dass Bhagavan etwas zugestoßen sein musste. Auch wenn sie keinen besonderen Glauben an ihn hatten, wussten sie doch intuitiv, dass es so war. Es war genau der Zeitpunkt seines Todes am 14. April 1950 um 8.47 Uhr abends. Die Erscheinung wurde von vielen beobachtet, und seltsamerweise assoziierten alle damit dasselbe. Selbst die Menschen in Madras sahen den Stern. Manche stiegen sofort in ihre Autos und fuhren zum Ashram. Dies ist eine Tatsache, die ich nicht versuchen will zu erklären. Sie muss als solche akzeptiert werden.

\* \* \*

---

[1] Es war der bekannte französische Fotograf Henri Cartier-Brassen, der auch Gandhis Begräbnis fotografiert hat.

Stanley-Jones, ein Bischof der kongregationalistischen Bewegung[1], besuchte eines Morgens im Jahr 1938 den Ashram. Er wurde von einer Sekretärin begleitet, die sich umfassende Notizen von allem machte, was der Bischof sagte. Sie machte sich aber nur wenige Notizen von dem, was der Maharshi sagen konnte, denn das war nicht viel. In der Gruppe waren noch zwei weitere Christen. Der Bischof war auf einer Reise durch Indien, um Material für ein Buch zu sammeln, in dem er beweisen wollte, dass ein Hinduheiliger einem gewöhnlichen Christenmenschen nicht das Wasser reichen könnte. Er wollte wissen, was Bhagavans Methode gewesen sei und wie viel und was er damit erreicht habe. Sein ganzes Betragen war arrogant und intolerant. Für die Niederschrift des folgenden Gesprächs habe ich mein Gedächtnis mithilfe der „Talks"[2] aufgefrischt. Ich habe es allerdings etwas anders in Erinnerung und es entsprechend abgeändert.

S.J.: „Was ist die Suche und was ist das Ziel? Wie weit sind Sie vorangekommen?"

B.: „Das Ziel ist für alle dasselbe. Aber warum soll man überhaupt nach einem Ziel suchen? Warum sind Sie nicht damit zufrieden, wie Sie sind?"

S.J.: „Gibt es denn kein Ziel?"

B.: „Ich habe Sie gefragt, warum Sie nach einem Ziel suchen?"

S.J.: „Ich habe über diese Dinge meine eigene Anschauung. Ich möchte gern wissen, was der Maharshi dazu zu sagen hat."

B.: „Der Maharshi hat keine Zweifel und braucht deshalb keine solchen Fragen zu stellen. Wonach aber suchen Sie?"

---

[1] reformiert-kalvinistische Bewegung in England und Nordamerika, die eine übergeordnete Kirchenstruktur ablehnt
[2] „Gespräche", Eintrag vom 21.3.1938

S.J.: „Ich halte die Verwirklichung des höheren Geistes durch den niederen Geist für das Ziel, damit das Reich Gottes auf die Erde kommen kann. Der niedere Geist ist jetzt noch unvollkommen. Nur auf diesem Weg kann er vollkommen werden."

B.: „Sie nehmen also an, dass es einen niederen Geist gibt, der unvollkommen ist und in einem höheren Geist die Vollendung sucht. Sagen Sie mir, wie sich der niedere Geist vom höheren unterscheidet?"

S.J. (ignoriert die Frage und verkündet seine eigenen Ansichten, an denen allein er wirklich interessiert ist): „Das Reich Gottes ist von Jesus Christus auf die Erde gebracht worden. Ich betrachte ihn als das personifizierte Reich Gottes. Ich möchte, dass jeder das erkennt. Christus sagt: ‚Ich bin hungrig mit den Hungernden.' Gegenseitige Anteilnahme ist Freude, und vom Reich Gottes getrennt zu sein ist Schmerz.[1] Wenn das Reich Gottes weltweit Verbreitung findet, wird jeder von uns mit den anderen eins sein."

B.: „Sie sprechen von einem Unterschied zwischen den Menschen. Was aber wird aus diesem Unterschied im Tiefschlaf?"

S.J. (ignoriert wieder die Frage): „Ich möchte aber völlig wach sein."

B.: „Sie glauben, dass Sie jetzt wach sind. Aber das Gegenteil ist der Fall: Dies ist nur ein Traum in einem langen Schlaf. Jeder schläft. Diese Welt und alle Taten sind nur ein Traum."

S.J.: „Das ist *Vedanta*. Ich kann damit nichts anfangen. Die Unterschiede sind nicht eingebildet. Sie sind tatsächlich vorhanden." (Und wieder auf seiner alten Frage herumrei-

---

[1] nach den „Gesprächen": „Gegenseitige Anteilnahme in Freud und Leid kennzeichnet das Reich Gottes."

tend:) „Kann der Maharshi uns sagen, was er herausgefunden hat? Was ist dieser Wachzustand, von dem er spricht?"

B.: „Er ist jenseits der drei Zustände Wachen, Traum und Tiefschlaf."

S.J.: „Aber ich bin jetzt wach und weiß das."

B.: „Aber im wahren Wachzustand gibt es keine Unterschiede."

S.J.: „Was geschieht dann mit der Welt?"

B.: „Im Tiefschlaf gibt es keine Welt. Erscheint etwa plötzlich die Welt und sagt Ihnen: ‚Es gibt mich', wenn Sie wach sind?"

S.J.: „Nein, aber andere Menschen sagen auch, dass es eine Welt gibt und dass sie spirituelle und moralische Erneuerung braucht. Deshalb muss es wirklich eine Welt geben. Alle stimmen darin überein."

B.: „Sie sehen jetzt die Welt und die Menschen in ihr, aber kann das alles ohne Ihre Gedanken existieren?"

S.J. (schweift plötzlich vom Thema ab): „Ich begegne der Welt mit Liebe."

B.: „Sind Sie von ihr getrennt, dass Sie ihr begegnen können?"

S.J.: „Ich bin mit ihr identisch. Aber ich bin hergekommen, um Fragen zu stellen und die Antworten des Maharshi zu hören. Warum stellen Sie mir fortwährend solche Fragen?"

B.: „Aber der Maharshi hat Ihre Fragen beantwortet. Der wirkliche Wachzustand kennt keine Unterschiede."

S.J.: „Haben Sie das Ziel erreicht?"

B.: „Es gibt kein Ziel außerhalb des Selbst. Wie könnte es also etwas sein, das neu gewonnen werden müsste? Wenn das so wäre, müsste es unbeständig sein, und was unbeständig ist, verschwindet eines Tages wieder. Stimmen Sie mit mir nicht darin überein, dass das Ziel ewig sein muss? Deshalb muss es im Selbst sein. Suchen und finden Sie es dort."

S. J.: „Ich möchte wissen, welche Erfahrung Sie gemacht haben."

B.: „Was auch immer meine Erfahrung sein mag, spielt für den Fragenden keine Rolle. Jeder muss die Wahrheit für sich selber finden. Wie könnte jemand anderer sie für Sie finden?"

S.J.: „Und doch enthält jedermanns Erfahrung etwas Wertvolles, wovon auch andere profitieren können."

B.: „Der Fragende muss seine eigene Frage beantworten. Kein anderer kann es für ihn tun."

S.J. (selbstgefällig): „Aber ich kenne die Antwort."

B.: „Erzählen Sie!"

S.J.: „Vor zwanzig Jahren wurde mir das Reich Gottes offenbart. Es geschah allein durch Gottes Gnade, ohne dass ich mich darum bemüht hätte. Ich war glücklich. Jetzt ist es mein Anliegen, es allen zugänglich zu machen. Dennoch möchte ich gerne wissen, welche Erfahrungen vom Göttlichen der Maharshi gemacht hat."

Bhagavan schwieg. Stanley-Jones hielt dann einen Vortrag über Liebe. Er berichtete, er habe zwei Ashrams in Nordindien und würde durch sie die Liebe in die ganze Welt hinaustragen. Er war in bester Predigerlaune, und seine Sekretärin war eifrig damit beschäftigt, alles niederzuschreiben. Nach einer Weile startete er einen neuen Versuch, Bhagavan dazu zu bewegen, ihm seine Erfahrungen zu schildern.

Mrs. Jinarajadasa, die Frau des Präsidenten der Theosophischen Gesellschaft, war ebenfalls in der Halle und protestierte: „Wir glauben hier, dass der Maharshi selbst das Reich Gottes auf die Erde gebracht hat, und Sie belästigen ihn mit Fragen über seine Erfahrung. Läge es nicht vielmehr an Ihnen, seinen Anweisungen zu folgen und es in sich selbst zu suchen?"

S.J.: „Aber wie soll ich es verwirklichen?"

Er hörte nicht auf, lag Bhagavan weiter in den Ohren und wollte nicht verstehen, was er ihm sagte, bis ich schließlich ungeduldig wurde. Ich saß ganz hinten in der Halle und meditierte oder versuchte es wenigstens, aber seine absurde Hartnäckigkeit lenkte mich ab. Schließlich konnte ich es nicht länger ertragen und rief dazwischen:

„Warum verlangen Sie vom Maharshi, es für Sie zu verwirklichen? Das Reich Gottes ist in Ihnen. Das steht in Ihrer eigenen heiligen Schrift."

Er wandte sich erstaunt um, um die unverschämte Person in Augenschein zu nehmen, die es gewagt hatte, einzuschreiten und eine Säule des Kongregationalismus in Frage zu stellen.

„Das tue ich nicht!", schnaubte er wütend.

„Doch, das tun Sie! Warum folgen Sie nicht Ihrer eigenen christlichen Lehre und finden das Reich Gottes im eigenen Innern?"

S.J.: „Das ist damit nicht gemeint. Es heißt: ‚Es ist schon mitten unter euch.'"

Ich sagte: „Nein, das stimmt nicht, ‚in euch' heißt es. Zudem heißt es auch: ‚Sucht zuerst das Reich Gottes, dann wird euch alles andere dazugegeben'. Warum machen Sie nicht das?"

Stanley-Jones entschloss sich, dass er nicht den würdigen Empfang erhalten hatte, der ihm als einer bedeutenden Person gebührt hätte, und sagte: „Wir sind schon zu lang geblieben."

Die Sekretärin packte ihre wertvollen Unterlagen zusammen. Die Gesellschaft stand auf und verließ die Halle.

Als sie gegangen waren, lachte Bhagavan und bemerkte, dass ich es ihm mit eigener Münze heimgezahlt hätte.

Einige Zeit später erschien in einer Punjaber Zeitung ein Artikel über Stanley-Jones Besuch beim Maharshi. Darin behauptet er, Bhagavans Lehre beinhalte das übliche negative „Entleeren des Geistes". Aber das hat Bhagavan weder jemals gelehrt, noch im obigen Gespräch erwähnt. Hier sehen wir, wie nutzlos es für jemanden ist, der für den Empfang der Lehre eines Gurus nicht bereit ist, zu seinen Füßen zu sitzen. Stanley-Jones ist mit einer vorgefassten Meinung zum Ashram gekommen und konnte deshalb nichts anderes akzeptieren. Er ging mit der Überzeugung weg, genau das gehört zu haben, was er hören wollte.

Es gibt den bekannten Spruch: „Wenn der Schüler bereit ist, erscheint der Guru." Es ist aber genauso wahr, dass wenn der Schüler nicht bereit ist, auch das Erscheinen eines Gurus und seine Lehre nichts bewirken können.

* * *

Bhagavan reagierte auf verrückte Leute negativ und manchmal fast ablehnend. Da, wo wir bei ihm Mitleid erwartet hätten, gab es keines. Die Art, wie Bhagavan von ihnen sprach, ließ vermuten, dass er ihren Zustand für selbstverschuldet hielt und es ihnen an Selbstbeherrschung fehle. Wenn sie wirklich wollten, konnten sie sich zusammennehmen und normal reagieren. Bhagavan sagte das freilich nie. Es ist nur mein persönlicher Eindruck.

Da war eine Frau, die einige Zeit im Ashram verbracht hatte und sich für eine sehr große Verehrerin hielt. Sie schloss sich in eine Hütte ein, die vor dem Ashramtor lag, und band sich ein Stück Stoff vor die Augen, damit sie nichts mehr sehen und von der gemeinen Welt nicht abgelenkt werden konnte. Dabei hielt sie Schweigen und hoffte, auf diese Weise die Sinne zu beruhigen. Alles, was Bhagavan dazu sagte, war: „Warum kommt sie nicht zu uns herüber wie andere Leute? Was kann das schon Gutes bewirken? Sie ist hergekommen, um bei uns zu sein. Und dann schließt sie sich ein."

Eine andere Frau, eine Jüdin, die in Deutschland furchtbare Verfolgung durch die Nazis erlitten hatte, zog immer alle ihre Kleider aus und erschien nackt in der Öffentlichkeit. Sie hatte hysterische Anfälle, schrie und war völlig außer Kontrolle. Bhagavan verhielt sich ihren Eskapaden gegenüber äußerst kühl und zeigte kaum Interesse. Er fragte allerdings nach ihr, nachdem die Polizei sie fortgebracht hatte, und wollte wissen, was aus ihr geworden war. Für ihr irres Gehabe zeigte er aber keine Sympathie.

Ein junger Mann aus Mysore saß monatelang vor Bhagavan und war offensichtlich immer in tiefe Meditation versunken. Bhagavan verhielt sich ihm gegenüber fast feindselig. Das war so auffällig, dass ihn jemand nach dem Grund fragte. Bhagavan erwiderte, dass der junge Mann nur um einen Job meditiere, da er arbeitslos sei. Das stellte sich als richtig heraus. Dem jungen Mann war Beschäftigung an einer örtlichen Schule angeboten worden, da er einen Studienabschluss besaß, aber er war inzwischen so verrückt geworden, dass er nicht darauf einging. Seine Vorstellung von einem Job war nun anscheinend die, Bhagavans Platz einzunehmen. Es war aber sehr gefährlich, Bhagavans Macht zu missbrauchen, und etwas, dem Bhagavan sich immer heftig widersetzte. Dieser Junge versuchte zum Schluss, auf

Bhagavans Couch zu springen und ihn zu umarmen, indem er: „Vater, Vater!" rief, um so auf direktem Weg Macht zu erlangen.

Es wurden aber auch viele Geisteskranke mit der Hoffnung auf Heilung durch Bhagavan in den Ashram gebracht. Auch wenn es gegen die Ashramregel verstieß, wurden sie in die Halle geschmuggelt, wenn gerade keiner aufpasste. Manchmal zeigte der Besuch Wirkung, aber immer schien Bhagavan völlig gleichgültig zu sein.

Bhagavan reagierte meist auf den Kummer anderer und sagte ihnen einige tröstliche Worte. Wenn aber jemand die Kontrolle über sich selbst verloren hatte, war er streng und zeigte kein Mitgefühl. Mit Kranken hatte er Mitleid und gab in bestimmten Fällen sogar Rat und jede nur mögliche Hilfe.

Einmal kam er völlig unerwartet zu mir, als ich krank in meinem Zimmer lag. Er war zuvor bei Devaraja [Mudaliar] gewesen, um als erster einen neuen Raum zu betreten, der gerade fertig geworden war.[1] Dort hatte man ihn darüber informiert, dass es mir nicht gut ginge und ich mich über einen Überraschungsbesuch freuen würde. Er willigte sofort ein.

Sein rätselhaftes Verhalten verrückten Menschen gegenüber ist deshalb umso schwieriger zu begreifen, da er von Natur aus allem und allen gegenüber voller Mitleid war. Diese einzige Ausnahme bleibt deshalb irgendwie ein Rätsel.

\* \* \*

---

[1] und ihn damit einzuweihen und zu segnen

Viele Leute hielten es für äußerst segensvoll, etwas von dem zu berühren, was ihr Guru angefasst hatte. Alte Frauen warteten vor dem Badezimmer, um von Bhagavans Badewasser zu trinken, das dort abfloss, oder vom Wasser, das auf dem Boden zurückblieb, wenn er sich nach dem Spaziergang die Füße gewaschen hatte. Von einem Blatt zu essen, auf dem Bhagavan bereits gegessen hatte, hielt man für besonders segensvoll. Doch Bhagavan war völlig gegen solche Praktiken und tat alles, um die Leute davon abzuhalten.

Im Ashram war es Sitte, dass jeder nach dem Essen sein eigenes Blatt wegbrachte, mit Ausnahme von Bhagavan natürlich. Einer der Helfer war dafür verantwortlich, dass es weggeworfen wurde und keiner es erhalten konnte. Ich weiß sicher, dass der Helfer sich seine Mahlzeit auf Bhagavans Blatt servieren ließ, wenn er noch nicht gegessen hatte. Bhagavan wusste das nicht, sonst hätte es Ärger gegeben.

Eines Tages bemerkte Bhagavan ein junges Mädchen, das herumlungerte und ihn beim Essen beobachtete. Sie wartete offensichtlich auf etwas. Schließlich fragte er die Eltern, die ihre Tochter abgöttisch liebten und sie mit Bewunderung beobachteten, was das alles bedeuten sollte. Sie erklärten ihm, dass sie auf sein Blatt warten würde, um es für ihre eigene Mahlzeit zu benutzen.

Bhagavan war sehr verärgert. Allen zur Strafe, die so etwas zugelassen hatten, wollte er künftig sein Blatt selbst wegbringen und draußen wegwerfen. Keiner sollte es mehr erhalten. Darüber waren alle bestürzt, zumal Bhagavan inzwischen an so starkem Rheumatismus litt, dass es für ihn unmöglich gewesen wäre, sein Blatt in der Hand zu halten und sich gleichzeitig auf seinen Stock zu stützen. Er hätte sich dann nicht auch noch am Geländer der steilen Treppe des Speisesaals festhalten können. Doch Bhagavan blieb unnachgiebig. Um die Situation zu retten, bot eine Verehrerin an, sie wolle sich darum kümmern und Bhagavans Blatt wegbringen, sodass es sonst niemand in die Finger bekommen konnte. Zunächst wollte Bhagavan das nicht zulassen, denn warum sollte man in seinem Fall eine Ausnahme machen? Also vereinbarte man einen Kompromiss. Künftig sollten alle Blätter im Speisesaal zurückbleiben und von einem der Diener zusammen weggeräumt werden. Erst sagte die Frau, sie werde es selbst machen, aber bald übernahm es ein Diener, und so ist es bis heute üblich.

\* \* \*

Eine Amerikanerin, die in Sache Geburtenkontrolle durch Indien reiste, besuchte den Ashram. Sie fragte Bhagavan, ob die Geburtenkontrolle angesichts der schnell anwachsenden Überbevölkerung der Welt nicht eine gute Sache sei, besonders in Indien, wo es nicht genug Nahrung für alle gäbe. Bhagavan lächelte nur. „Wie können Sie hoffen, das Leben unter Kontrolle zu bringen, wenn Sie nicht den Tod kontrollieren können?", fragte er. „Finden Sie lieber heraus, wer es ist, der jetzt geboren worden ist."

Er gab dieselbe Antwort, als jemand ihn zur Todesstrafe fragte, ob es nicht böse sei, jemanden vorsätzlich zu töten, selbst dann, wenn das der Staat tue. Er hoffte auf irgendeine Erklärung von Bhagavan, wurde jedoch bitter enttäuscht, denn die Antwort lautete: „Wenn ein Mensch am Sterben ist, stirbt er, was immer auch geschieht. Keiner kann es verhindern. Er geht vielleicht nur über die Straße und wird von einem Auto getötet. Er wird in jedem Fall sterben."

Bhagavan fällte über nichts ein Urteil, nicht einmal über die Todesstrafe. Wie ich schon früher erklärt habe, gab es für ihn weder Gut noch Böse, nur Taten und die Anhaftung an die Taten. Erkenne den Täter und verweile dort, dann ist alles andere völlig unbedeutend.

Dazu möchte ich Bhagavad-Gita II, 27 zitieren:

„Dem, der geboren wurde, ist der Tod sicher, und sicher ist dem Toten die Geburt. Deshalb sollst du dich nicht über das Unvermeidliche grämen."

Bei anderer Gelegenheit stellte ich Bhagavan Fragen zum Selbstmord. Ich war um den Berg herumgewandert, und als mir ein Bus entgegenkam, war mir der Gedanke in den Kopf gestiegen: „Warum sollte ich mich jetzt nicht auf das Selbst konzentrieren und mich vor den Bus werfen, um auf diese Weise *Moksha* zu erlangen!"

Ich erzählte Bhagavan davon, aber er meinte, es würde nicht funktionieren. Unweigerlich würden Gedanken auftauchen, wenn ich stürzen würde, ausgelöst von Angst und Schock. Wenn aber Gedanken auftauchten, würde das Leben weiter bestehen, und ich müsste einen anderen Körper annehmen. Wenn ich meinen Geist genügend stillen könnte, sodass so etwas nicht geschehen würde, warum sollte ich dann Selbstmord begehen?

\* \* \*

Während des Krieges sprachen viele Leute über Flugzeuge, Bomben und andere erstaunliche Erfindungen, die der Vernichtung dienen. Bhagavan bemerkte, dass das nichts Besonderes sei. Schon im alten Indien hätte es all das gegeben. Rama hatte seinen Blumenwagen, der nichts anderes als ein Flugzeug gewesen sei, und in alten Büchern finden wir Berichte über die Kriege aus früheren Zeiten, in denen Feuerwaffen, Waffen aus Diamanten und sogar elektrische Waffen neben vielen anderen beschrieben werden. Der moderne

Mensch denkt, er sei sehr bemerkenswert, aber die Alten wussten weit mehr, als er sich vorstellen kann. Sie besaßen eine Metalllegierung, mit deren Hilfe sie die Schwerkraft überwinden konnten. Den heutigen Menschen ist das noch nicht gelungen.

* * *

*Sri Ramana mit der Kuh Lakshmi*

Einmal stellte jemand die Frage, ob es schon vorgekommen sei, dass Menschen als Tiere wiedergeboren wurden. „Natürlich", antwortete Bhagavan. „Selbst heutzutage nehmen sie solche Gestalten an, nur um hier geboren zu werden." Ein Beispiel dafür ist sicherlich die Kuh Lakshmi.

123

Eines Nachts stand ein Hund auf dem Felsen hinter dem Ashram und bellte ununterbrochen. Schließlich gab Bhagavan jemandem den Auftrag, ihm Futter zu bringen. Der Hund fraß und verschwand gleich darauf wieder. Er wurde nie mehr gesehen. Bhagavan erklärte, dass er irgendein *Siddha* gewesen sei, der diese Gestalt angenommen habe, um hierher zu kommen und eine Mahlzeit zu erhalten, da er hungrig gewesen sei. Es seien viele *Siddhas* in der Gegend, aber sie wollten sich nicht zu erkennen geben und würden deshalb in solcher Gestalt erscheinen.

Jemand fragte, ob die Geschichte stimme, dass immer sieben *Jnanis* auf dem Berg leben. „Es mögen sogar noch mehr sein", sagte er, „Wer weiß das schon? Wie sollte man sie erkennen? Sie können als Bettler erscheinen, die im Straßengraben liegen, oder sie erscheinen in einer anderen Rolle, die sie unkenntlich macht. Man kann es nicht wissen."

\* \* \*

*Sri Ramana lesend und mit Häschen*

Bhagavan riet jedem Devotee davon ab, *Mouna* einzuhalten oder ein Schweigegelübde abzulegen.

Während des Krieges beschloss ich, ein solches Gelübde abzulegen, hauptsächlich weil ich mich vor den Sticheleien der anderen schützen wollte. Ich ging zu Bhagavan und bat um seine Erlaubnis. Er war nicht begeistert und meinte, es sei nutzlos, die Zunge im Zaum zu halten, aber Nachrichten auf Papierschnipsel zu schreiben, wie es so viele der sogenannten *Mounis* tun. Auf diese Weise käme nur die Zunge zur Ruhe, aber der Geist mache weiter wie zuvor. Ich erklärte, dass ich es nicht so halten wolle und Papier und Bleistift wegwerfen würde. Ich glaubte, Bhagavans widerwilliges Einverständnis erhalten zu haben, da er mir darin zustimmte, dass die Leute mir keine Ruhe ließen. Also traf ich die nötigen Vorbereitungen. Ich installierte in meinem Zimmer eine Klingel, die in der Küche zu hören war, sodass ich meinen Diener nicht rufen musste, und bestimmte einen Glück verheißenden Tag, um mit meinem Schweigegelübde zu beginnen.

Am Abend zuvor brachte einer meiner Freunde das Thema in der Halle zur Sprache. Es war nach dem Abendessen, und nur noch wenige von uns waren anwesend. Bhagavan brachte sofort seine Missbilligung zum Ausdruck und meinte, dass ein Schweigegelübde unnötig und überhaupt keine gute Sache sei. Er sagte: „Ich sprach sowieso nicht viel. Es war besser, nur dann zu sprechen, wenn es nötig war. In Wirklichkeit bringt dieses Schweigen nichts. Wenn man zwölf Jahre lang schweigt, wird man stumm. Man mag dadurch zwar Wunderkräfte erlangen, doch wer möchte sie schon haben? Die Sprache wirkt wie ein Sicherheitsventil."

Nach diesem Gespräch gab ich natürlich mein Vorhaben auf.

Bhagavan war auch dagegen, wenn die Leute das *Sannyasa*-Gelübde ablegten. Wenn es eingehalten wird, ist es eine nutzlose Fessel, wenn nicht, erweist es sich selbst als unbrauchbar. Es bewirkt letztlich nur, dass man von sich denkt: „Jetzt bin ich ein *Sannyasin*", anstatt: „Ich lebe in der Welt." Die Gedanken gehen weiter, und sie sind der Hauptfeind.

Er war derselben Ansicht, wenn es darum ging, ein zurückgezogenes Leben in den Wäldern zu führen oder sich in einer Höhle einzuschließen. Er empfahl eindeutig, in der Welt zu leben, da sie die notwendige Umgebung war, die dem Menschen in seinem *Sadhana* weiterhalf. Wenn man in der Welt leben konnte, ohne von dieser Welt zu sein, hatte man einen hohen Grad an Loslösung erlangt. Es ist immer besser, mit irgendeinem Widerstand konfrontiert zu sein. Der Baum, der nicht vom Sturm gerüttelt wird, ist gewöhnlich schwächlich.

* * *

Eines Tages machte jemand Bhagavan gegenüber folgende Bemerkung: „Hier geschehen viele Dinge, mit denen Bhagavan nicht einverstanden sein kann. Warum bleibt er hier? Er hat ja keine Bindungen oder Wünsche."

„Was kann ich schon tun?", fragte Bhagavan. „Wenn ich in den Wald gehe und versuche, mich zu verstecken, was wird dann geschehen? Man wird mich bald ausfindig machen. Dann wird jemand vor mir eine Hütte bauen und ein anderer hinter mir, und wenig später werden rings um mich herum Hütten entstanden sein. Wohin also kann ich gehen? Ich werde immer ein Gefangener sein."

Folgende Geschichte ist dafür eine amüsante Illustration:

Eines Tages – es ist schon Jahre her – beschloss Bhagavan, einen Fasttag einzulegen. Er wollte um den Berg wandern, von dem er jeden Zoll kannte, da er ihn als junger Mann erforscht hatte. Deshalb aß er am Vorabend mehr als gewöhnlich, damit er es durchstehen konnte. Er brach am frühen Morgen alleine auf, aber er war noch nicht weit gekommen, als er sieben Frauen traf. „Das ist ja unser Swami!", riefen sie erfreut. Sie sorgten dafür, dass er sich setzte, und servierten ihm eine reichhaltige Mahlzeit, die sie, wie es schien, genau zu diesem Zweck mitgebracht hatten. Als er gegessen hatte, verabschiedeten sie sich mit den Worten: „Wir werden Swami auch sein Mittagessen bringen." Seltsamerweise fanden sie ihn wieder, obwohl er keinem vorgegebenen Pfad gefolgt war. Wieder servierten sie ihm ein üppiges Essen.

Als Bhagavan sich auf den Rückweg machte, spürte er, dass er viel mehr gegessen hatte, als ihm gut tat.

M.V. Ramaswami Iyer, ein langjähriger Schüler, der in der Stadt lebte, hatte davon gehört, dass Bhagavan einen Fasttag eingelegt hatte, und da er dachte, er würde am Abend hungrig sein, kochte er ihm ein luxuriöses Essen. Dann ging er Bhagavan entgegen und traf ihn am Stadtrand. Er nötigte ihn, sich zu setzen und wieder zu essen und verschonte ihn nicht. Als Bhagavan völlig übersättigt nach Hause zurückkehrte, meinte er, er würde nie wieder einen Fasttag einlegen. Was die sieben Frauen betraf, die ihm auf so mysteriöse Weise begegnet waren, vermutete er, es seien Feen gewesen.

\* \* \*

Eines Tages fragte jemand Bhagavan: „Stimmt es, dass der *Jnani* in allen drei Zuständen[1] bei Bewusstsein ist, selbst dann, wenn er schläft?"

„Ja", antwortete Bhagavan.

„Warum schnarcht Bhagavan dann?"

Bhagavan erwiderte: „Ich weiß, dass ich schnarche. Ich könnte damit aufhören, wenn ich wollte, aber ich mag es so wie es ist."

Ist das nicht vollkommene Akzeptanz!

\* \* \*

---

[1] gemeint sind die Zustände von Wachen, Träumen und Tiefschlaf

In Bhagavans Gegenwart wurden morgens und abends die *Veden* gesungen, was etwa 45 Minuten dauerte. Zunächst kamen dafür einige Brahmanen zweimal täglich aus der Stadt, doch das war nicht sehr praktisch. 1947 wurde deshalb im Ashram eine *Veda*schule mit sechs Jungen eröffnet, die seitdem diese Aufgabe übernimmt.

Bhagavan liebte es, den *Veden* zuzuhören. Sobald die Jungen mit dem Singen begannen, setzte er sich aufrecht auf sein Sofa, schlug die Beine unter, ein ferner Blick trat in seine Augen, und so blieb er bis zum Ende bewegungslos sitzen.

Am Ende jeder Rezitation wurde erwartet, dass alle aufstanden, während die Jungen einige Verse zum Lobpreis des selbstverwirklichten Weisen sangen. Danach verbeugten sich alle vor dem Guru. Das Na Karmana[1], das ich schon oben erwähnt habe, wurde von mir mit Hilfe anderer Devotees ins Englische übersetzt und Bhagavan zur Korrektur und Genehmigung vorgelegt. Ich möchte es an dieser Stelle einfügen, da Besucher häufig nach seiner Bedeutung fragen.

Unsterblichkeit erlangt man nicht durch Taten,
nicht einmal durch Nachkommen
oder den Besitz von vielem Gold.
Doch einige erlangen sie durch Verzicht.

Die Weisen, die ihre Sinne völlig unter Kontrolle haben,
erlangen dieses *Sat*,
das weitaus größer als der Himmel ist
und unaufhörlich im Herzen erstrahlt.

Die Meister, die durch Entsagung und Konzentration
reinen Herzens sind
und die Gewissheit dieser einen Wahrheit,

---

[1] Das Na Karmana stammt aus der Maha Narayana Upanishad und preist den selbstverwirklichten Weisen.

die das *Vedanta* bekundet,
erkannt haben,
erlangen Selbstverwirklichung.
Ist die Unwissenheit verflogen,
erlangen sie die volle Befreiung
vom Körper und von *Maya*, seiner Ursache.

Nur das, was frei aller Sorgen als feinster Äther
im Herzen des Lotus ewig erstrahlt,
der winzige Sitz des reinen Höchsten
im Innersten des Körpers,
das allein sollte man verehren.

Er allein ist wahrhaft der Höchste Herr.
Er ist weit über das Ur-Wort erhaben,
das Anfang und Ende des *Veda* ist
und in das der Ursprung der Schöpfung eingeht.

\* \* \*

Bhagavan sagte, dass das Ich-Gefühl im Herzen entstehe. Dieses Herz ist nicht das physische Organ und auch nicht eines der Yoga-*Chakren*, sondern ein Punkt, der etwa 4 cm rechts von der Mitte der Brust liegt. Manche behaupten, man könne die Selbstverwirklichung an diesem Punkt finden. Aber wie wäre das möglich? Kann die Verwirklichung an einer Körperstelle lokalisiert werden? Sie ist natürlich allumfassend.

Die Erfahrung, die dahinter steckt, ist folgende: Wenn ein *Sadhu* aus tiefem *Samadhi* erwacht, ist dieser Punkt im sogenannten Herzen der erste, dessen er sich äußerlich bewusst wird. Hier verlässt ihn die transzendentale Erfahrung, und das Ego nimmt wieder von ihm Besitz. Wenn er daran zurückdenkt, kommt es ihm so vor, als wäre die Selbstverwirklichung dort zu finden, da diese Stelle der letzte Ort seines Gewahrseins war. Wenn man es so meint, kann man sagen, dass die Verwirklichung im Herzen gefunden wird.

Manchmal werden die Menschen dazu angewiesen, ihre Gedanken auf diese Stelle zu konzentrieren, denn an derselben Stelle, wo das Ego entsteht, verschwindet es auch wieder. Das ist allerdings nicht als ein notwendiges *Sadhana* gedacht, sondern nur als Hilfe für manche Sucher, denn Bhagavan betonte immer wieder: „Man kann eine Erfahrung nicht auf einen Ort festlegen."

In diesem Zusammenhang möchte ich ein anderes wundervolles Gedicht aus der Maha Narayana Upanishad zitieren, das die Brahmanenjungen bei jedem Abendgebet als eine von mehreren Hymnen singen:

(1) Man muss begreifen, dass das Herz einer Lotusknospe ähnelt. Eine Spannweite unterhalb des Halses und eine Spannweite über dem Nabel hängt es mit dem Kopf nach unten und ist der Hauptsitz der universellen Gestalt von *Paramatman*.

(2) In seiner Mitte hat es ein feines Loch. Dort wohnt der *Paramatman*, um denen Gnade zu schenken, die über IHN meditieren. Inmitten des Herzens brennt ein heißes Feuer.

(3) Dieses Feuer verzehrt die verdaute Nahrung und verteilt sie vom Kopf bis zu den Füßen, um den Körper zu beleben.

(4) Die Flamme im Herzen ist nach oben gerichtet. Sie erstrahlt wie ein Blitz inmitten dunkler Wolken und ist winzig wie die zarte Spitze eines Samenkorns. Sie ist goldgelb und strahlt leuchtend hell. Nichts lässt sich mit ihr vergleichen.

„Deshalb müsste man sagen, dass das Herz unser ganzer Leib und das ganze Universum ist, stellt man es sich als das wahre ‚Ich' vor. Aber um dem Übenden zu helfen, müssen wir auf einen bestimmten Teil des Universums oder des

Körpers hindeuten. Also wird das Herz als Sitz des Selbst bezeichnet. In Wahrheit aber sind wir überall; wir sind alles, was existiert, und etwas anderes gibt es nicht." (Gespräch vom 4. Febr. 1935)

\* \* \*

Bhagavan verehrte den Berg Arunachala und war nie glücklicher, als wenn er allein auf seinen Hängen umherwandern konnte. Es kursierte eine Geschichte über einen großen *Siddha* Purusha [einen Selbstverwirklichten], der als Arunagiri Yogi bekannt ist und der unter einem riesigen Banyan-Baum am Nordhang wohnen soll.

Bei einem Spaziergang um den Berg fand Bhagavan Blätter dieses Baumes auf dem Boden liegen. Ihr Durchmesser betrug mehr als dreißig Zentimeter.

Eines Tages machte Bhagavan sich auf die Suche nach diesem Ort. Endlich fand er ihn und sah in einiger Entfernung den Baum stehen, der seiner Beschreibung nach riesig war. Aber die Stelle war von einer dichten und undurchdringlichen Dornenhecke umgeben, die ihn davon abhielt, näher zu kommen. Als er versuchte, sich einen Weg hindurchzubahnen, trat er in ein Hornissennest. Die aufgestörten Hornissen stachen ihn heftig ins Bein und in den Schenkel. Zur Strafe für das Leid, das er ihnen angetan hatte, bewegte er sich nicht, bis sie ihren Ärger an ihm ausgelassen hatten. Er ging nicht weiter, da er jetzt erkannte, dass er nicht weiter vordringen sollte. Das Verhalten der Hornissen entschuldigte er damit, dass er kein Recht gehabt habe, ihr Nest so unachtsam zu zerstören, so rücksichtsvoll war er.

Eines Morgens im Jahr 1942 oder 1943 machte sich eine größere Gruppe Devotees auf den Weg, um diesen Ort ausfindig zu machen. Bhagavan hatte sie davor gewarnt, dass es zwecklos sei, aber sie stahlen sich fort, einer nach dem anderen, erzählten keinem, wohin sie gingen, und schlugen seine Warnung in den Wind. Kunju Swami führte die Gruppe an. Sie wanderten lange umher und verirrten sich schließlich in einem Tal des Berges, aus dem sie nicht mehr herausfanden. Sie irrten im Kreis herum und kamen immer wieder zu ihrem Ausgangspunkt zurück, bis sie völlig erschöpft waren und um Hilfe beteten. Da tauchte ein alter Landmann auf, dem sie ihre Not schilderten. In zehn Minuten hatte er sie auf den rechten Weg geführt, nach dem sie so hoffnungslos gesucht hatten.

Munagala war so erledigt, dass man ihn nach Hause bringen musste, und sie fragten sich, ob sie es jemals mit ihm schaffen würden. Als sie endlich zurückkamen und vor Bhagavan erschienen, meinte er, wie dumm sie doch gewesen seien, sich all dem Ungemach und Leiden auszusetzen. Da keinem von ihnen dieser Anblick bestimmt gewesen sei, sei dieses Unternehmen von Anfang an zum Scheitern verurteilt gewesen.

Wer war der geheimnisvolle Alte, der gerade im rechten Augenblick erschienen war? Warum durfte Bhagavan nicht näher kommen? Eigentlich konnte es für ihn keinerlei Verbot geben. Oder wäre er dann vielleicht für uns verloren gewesen und völlig ins heilige Sein eingegangen, doch die Zeit war dafür noch nicht reif? Das Ganze ist sehr mysteriös.

Als ich ihn einmal fragte: „Wer ist Arunagiri Yogi?", antwortete er knapp, ohne näher darauf einzugehen: „Wer schon, außer Gott selbst."

\* \* \*

*Der Ramanashram heute*

Es gab heftige Diskussionen darüber, ob Bhagavan ein Testament gemacht hatte oder nicht. Einige verwarfen den Gedanken völlig. Andere machten die üblen Machenschaften derer, die um ihn waren, für das Testament verantwortlich. Sie hätten auf undurchsichtige Weise ein Dokument ausgeheckt, das volle Rechtsgültigkeit besaß. Einige behaupten immer noch, dass es überhaupt kein Testament sei, obwohl es gerichtlich beglaubigt worden ist. Da in keiner der Ashram-Publikationen darüber berichtet wurde, ist es angebracht, wenn ich es an dieser Stelle tue.

Vor zwanzig Jahren war ein Gerichtsverfahren gegen den Ashram anhängig gewesen, das alle sehr beunruhigt hatte. Ein alter Devotee hatte den Platz als sein Privateigentum beansprucht und wollte die Ashram-Verwaltung einschließlich Bhagavan übernehmen. Als der Ashram diese Belästigung endlich los war, suchten einige langjährige Schüler bei Bhagavan Hilfe und Rat. Sie erklärten ihm, man habe ihnen trotz seiner Anwesenheit keine Ruhe gelassen. Keiner könne wissen, was erst geschehe, wenn er nicht mehr lebte und sie beschützte. Sie fragten ihn nach seinem Rat. Da wollte er ihren Vorschlag hören. Sie meinten, es sei eine gute Idee, den Ashram von einer von ihm berufenen Treuhandgesellschaft verwalten zu lassen. Aber Bhagavan hatte Bedenken. Treuhänder hätten kein wirkliches Interesse an einer Einrichtung. Sie würden sie nur wie eine Kuh melken, und wenn sie keine Milch mehr gab, würden sie sie sich selbst überlassen. Ob es stattdessen nicht besser sei, die Verwaltung vererbbar zu machen?

Die Angelegenheit wurde diskutiert, und man beschloss, dass es in diesem Fall das Beste sei, ein Testament zu machen. Bhagavan stimmte diesem Vorschlag zu.

In Salem lebte ein Richter des Obersten Gerichtshofs im Ruhestand, der ein langjähriger Devotee war. Er wurde damit beauftragt, einen Entwurf für ein Testament zu machen. Nachdem er vor einem Bild Bhagavans eine *Puja* gefeiert und zu ihm um Hilfe und Führung gebetet hatte, fertigte er den Entwurf an. Dann versammelten sich mehrere der langjährigen Devotees in dem großen Raum, den ich nach meiner Ankunft im Ashram bewohnt hatte. Jede Klausel des Entwurfs wurde vorgelesen und diskutiert. Einige Änderungen wurden vorgenommen. Nach jeder Klausel wurde Bhagavan gefragt, ob er sie verstanden habe und ob er ihr zustimme. Erst dann ging man zur nächsten Klausel über. Schließlich wurde das Ganze neu geschrieben, und Bhagavan machte anstelle der Unterschrift einen Strich. Zudem bevollmächtigte er Sambasiva Rao, für ihn zu unterschreiben. Damit war das Dokument doppelt beglaubigt. Mehrere Leute unterschrieben als Zeugen, und der anwesende Standesbeamte fragte Bhagavan, ob er es verstanden habe, ihm zustimme und es eingetragen haben wollte. Bhagavan sagte zu allem: „Ja". Deshalb kann es über die Rechtskräftigkeit des Dokuments und Bhagavans Beteiligung daran keinen Zweifel geben.

Dass Bhagavan genau wusste, was er tat und was er wollte, und sich nicht nur Einflüssen fügte, wie manche behaupten, wird auch durch folgendes Ereignis bestätigt:

Einige Jahre später meinten die Verantwortlichen des Ashrams, dass das Testament für sie nicht sehr zufriedenstellend ausgefallen sei, da es einige juristische Hintertürchen offen ließe. Deshalb wurde ein neues Testament aufgesetzt. Bhagavan lag todkrank in der Neuen Halle. Der Verwalter und einige andere, die ihn darin unterstützten, kamen zu Bhagavan und erklärten ihm ihre Schwierigkeiten. Sie überreichten ihm das neue Dokument und baten ihn, es zu beglaubigen. Er aber wollte damit nichts zu tun haben. „Gibt es nicht schon ein Testament?", fragte er. Damit war die Sache erledigt.

Die Leute fragen: „Wie kann ein *Jnani* einen letzten Willen aufsetzen? Das ist doch völlig unsinnig." Aber für einen *Jnani* gibt es keine Einschränkungen. Die Frage, ob er Eigentum besitzen kann oder nicht, stellt sich nicht. Er wäre sonst kein *Jnani*. Er ist auf keine denkbare Weise gebunden. Die Menschen machten ihm Geschenke, die er in seinem Erbarmen annahm. Unter der Verwaltung seines Bruders hatte sich Besitz angesammelt. Chinnaswami musste mit Geld umgehen, denn er war für die Organisation verantwortlich. Nach Bhagavans Tod sollte der Ashram als spirituelles Zentrum weiterbestehen. Also war es nur natürlich, dafür zu sorgen, dass der Ashram abgesichert wurde und der Bitte der Devotees zu entsprechen. Die Weisheit, die dahinter stand, hat sich bis heute zur Genüge bestätigt.

Unzufriedene Leute haben viel gegen den Ashram vorgebracht und viel Wirbel gemacht. Doch es gab immer das Testament, das den Fortbestand des Ashrams sicherte, sodass die Menschen nach wie vor kommen können, um den Frieden dieses Ortes zu genießen und die Gegenwart des Meisters zu erfahren.

Bhagavan hatte keinen persönlichen Wunsch nach einem Testament, noch kümmerte ihn der Besitz, aber er konnte unsere Schwierigkeiten erkennen, und deshalb hat er ihm zugestimmt. Keiner behauptet, dass er sich niedergesetzt und es selbst geschrieben hat. Er überließ das anderen. Aber ich bin davon überzeugt, dass er das Dokument inspiriert hat. Jedenfalls gab er ihm seine volle Zustimmung.

Einmal bemerkte Bhagavan, dass alles, was ein *Jnani* sagt, so absurd es auch sein mag, schließlich in Erfüllung gehen muss. Er unterschrieb das Testament, das bestimmte, dass der Ashram als spirituelles Zentrum erhalten bleiben musste, und das blieb er auch, trotz aller Widerstände. Sicherlich wird er immer mehr an Anziehungskraft gewinnen, und eines Tages wird die ganze Welt davon wissen.[1]

* * *

---

[1] Diese Vorhersage hat sich erfüllt, wie man heute an den Besucherzahlen sieht.

Devaraja [Mudaliar] erzählte mir eine Geschichte, die er vergessen hat, in eines seiner Bücher aufzunehmen:

In den frühen Jahren, als Bhagavan in der Virupaksha-Höhle auf dem Berg lebte, kam ein *Sannyasin* und Schüler des damaligen Shankaracharya von Sringeri[1] zu ihm und wollte ihn dazu überreden, sich in *Sannyas* [das Gelübde der *Sannaysins*] einweihen zu lassen Doch Bhagavan lehnte ab. Der *Sannyasin* blieb aber hartnäckig und ließ nicht locker. Über drei Stunden lang brachte er seine Argumente vor. Er sagte, er würde zwar die Größe Bhagavans anerkennen, aber es wäre in jedem Fall für ihn besser, wenn er sich einweihen ließe. Er war nämlich davon überzeugt, dass Bhagavan als Brahmane die Sastras [die heiligen Schriften] befolgen sollte. Er versprach, alle nötigen Dinge zu besorgen. Die Zeremonie sollte in der Höhle vollzogen werden. Selbst wenn Bhagavan das ockerfarbene Kleid [das Gewand der *Sannyasins*] nicht tragen wolle, könne er zumindest ein *Koupina* [Lendenschurz] von dieser Farbe tragen. Er sagte zu Bhagavan, er solle darüber nachdenken, und versprach, am Nachmittag wiederzukommen, um Bhagavans endgültigen Entschluss einzuholen. Dann ging er fort.

Kurz nachdem der *Sannyasin* gegangen war, kam ein fremder alter Mann mit einem Stapel Sanskritbücher in Bhagavans Höhle. Der Alte bat um Erlaubnis, die Bücher eine Weile dort lassen zu dürfen, um sie später bei seiner Rückkehr wieder mitzunehmen. Bhagavan warf einen interessierten Blick auf sie, weil er wissen wollte, um was für Schriften es sich handelte. Das erste Buch, das er zur Hand nahm, war

---

[1] In Sringeri im Süden Indiens ist das erste Kloster, das Shankara (788-820, Hauptvertreter des *Advaita*-Vedanta) gegründet hat. Der Shankaracharya ist das Oberhaupt des Klosters in streng geregelter Nachfolge.

das Arunachala-Puranam[1]. Es öffnete sich bei folgendem Vers von selbst: „Ich habe beschlossen, dass die, welche in einem Radius von drei Yojanas (etwa 48 km) um diesen Ort [Arunachala] herum wohnen, die Befreiung von aller Anhaftung erlangen sollen, selbst wenn sie keine Einweihung haben."

Er schrieb dies auf einen Papierfetzen ab, legte das Buch zurück und schloss die Augen. Als er später wieder aufblickte, waren die Bücher verschwunden. Den alten Mann sah er nie wieder. Wie sie verschwunden waren, konnte er nie sagen.

Als der *Sannyasin* zurückkam, um sich die Antwort zu holen, gab er ihm den Zettel. Der *Sannyasin* las ihn und ging mit der Überzeugung fort, dass für Bhagavan keine Einweihung nötig war.

Anscheinend hat er die ganze Geschichte Sri Narasimha Bharathi, dem Oberhaupt seines Klosters [Math], berichtet. Der bedauerte den Vorfall und ermahnte ihn, künftig so etwas nie wieder zu versuchen.

* * *

---

[1] Das Arunachala-Puranam ist ein Teil des umfangreichen Skanda-Puranam und erzählt die Legende der Entstehung des Berges Arunachala als Manifestation von *Shivas* Feuersäule.

# Nachwort

Ich kann nichts Besseres tun, als meine Aufzeichnungen mit einem Artikel zu beenden, den ich zur Feier von Bhagavans 80. Geburtstag, der auf den 17. Dezember 1959 fiel, geschrieben habe:

„Ich möchte die Gelegenheit nicht versäumen, denen einige Worte zu sagen, die die fortwährende Gegenwart unseres geliebten Gurus anzweifeln. Obwohl wir von ihm sprechen, als wäre er tot, ist er in Wirklichkeit und allem äußeren Schein zum Trotz hier und sehr lebendig, so wie er es versprochen hat.

Viele behaupten, dass seine Gegenwart nicht auf diesen einzigen Ort beschränkt ist und dass er überall zu finden ist, bei jedem Devotee zuhause genauso wie im Ashram. Wenn ich die Richtigkeit dieser Anschauung auch in der Theorie gelten lassen muss, bin ich persönlich doch der Meinung, dass sie in der Praxis nicht ganz funktioniert.

Wenn wir die Selbstverwirklichung erlangt haben, ist die ganze Welt für uns dasselbe. Kein Ort kann besser geeignet oder machtvoller sein als ein anderer. Zweifelsohne gibt es viele, denen diese Gnade zuteilwurde und die selbstverwirklicht sind. Sie leben immer im Bewusstsein seiner wundervollen Gegenwart, wo immer sie auch sein mögen. Sie können für die Wahrheit bürgen, dass er tatsächlich überall zu finden ist. Aber für solche wie für mich, die weniger begnadet sind, stehen die Dinge nicht so einfach. Denn viele von uns werden von der Welt, unseren Familien, dem beruflichen Umtrieb, Krankheit und Armut die ganze Zeit völlig in Beschlag genommen. Wir können nicht einmal wenige Minuten am Tag innehalten, um wahrzunehmen, dass er wirklich überall ist und lebt. Auf solche Menschen wirkt ein Besuch des Ashrams wie eine belebende Brise und weckt neue Begeisterung für ihr *Sadhana*.

*Sri Ramanas Samadhi-Halle heute*

Man könnte mir vorwerfen, dass ich kaum der Richtige bin, um gerecht zu urteilen. Ich bin voreingenommen. Deshalb werde ich mich nicht auf meine eigene Erfahrung beschränken, sondern vielmehr die zahlreichen Besucher als Zeugen anführen, die nach Jahren hierher zurückgekehrt sind. ‚Es hat keinen Zweck mehr herzukommen', so haben sie früher argumentiert. ‚Er ist nicht mehr da.' Wenn man sie dann aber fragt: ‚Wo ist er denn hingegangen?', ist ihre Antworte sehr vage. Sie glauben nicht recht, dass er überhaupt noch irgendwo ist, das spürt man. Trotzdem zieht sie irgendetwas hierher zurück. Sie wissen nicht recht, was es ist. Und dann sind jene, die sich für eine Weile still hinsetzen, um ihre kleinen Sorgen für einen Moment zu vergessen, über die machtvolle Atmosphäre erstaunt.

Oft machen Besucher die Bemerkung: ‚Man kann ihn noch stärker spüren als je zuvor.' Natürlich vermisst man seine physische Gegenwart, die Gelegenheit, Fragen zu stellen, die Freude, wenn er einen grüßt, seinen Sinn für Humor und vor allem sein Verständnis und seine Sympathie. Ja, das alles vermisst man sicherlich sehr. Aber für keinen Augenblick zweifelt man daran, dass er noch da ist, wenn man einmal die Mühe auf sich genommen hat, sein Grab zu besuchen.

‚Propaganda!', entgegnen Sie vielleicht und denken, ich habe ein persönliches Interesse daran, weil ich hier lebe. Aber in Wahrheit ist es genau andersherum. Jeder hier weiß, dass ich mich lieber zurückziehe und Besucher meide. Warum also sollte ich so dumm sein, sie zu ermutigen, wenn nicht irgendeine unkontrollierbare Macht mich dazu zwingen würde?

Aber es ist nicht nötig, dass ich argumentiere. Die Hinduschriften bezeugen es viel besser. In den *Upanishaden* wird klar gesagt, dass die Lebenskraft eines *Brahmanishtha* seinen Körper nie verlässt, sondern seinem Herzen innewohnt. Wenn man sein *Samadhi* (Grab) ordentlich pflegt und es mit der richtigen Einstellung besucht, wird es dem Devotee unschätzbaren Segen und viel Gnade bringen. Im Tirumantram des Tirumular, einem klassischen Werk in Tamil, wird die Ansicht vertreten, dass der *Jnani*, ob er nun einen Körper trägt oder nicht, *Brahman* selbst ist und als Guru sich um all seine Kinder persönlich kümmert und sie segnet. Dieses maßgebliche Werk verkündet auch die Allgegenwart des *Jnani*, nachdem er seinen Körper aufgegeben hat. Auch die Agamas, die heiligen Schriften des Hinduismus, vertreten den Standpunkt, dass selbst dann, wenn der *Brahmanishtha* sich dafür entschieden hat, seinen irdischen Mantel abzulegen und anderswo zu weilen, er in seinem

Körper eine der sechzehn Kalas [Lebenskräfte des Körpers] zurücklässt, das so mächtig ist, auch fortan seinen Segen zu verströmen.

Wenn wir spüren, dass Sri Ramana heute immer noch in unserer Mitte ist und wir seine Gegenwart am leichtesten an jenem Ort finden, wo er so lange gelebt hat und wo sein Körper begraben liegt, so ist das nur natürlich. Haben nicht alle Weltreligionen ausnahmslos dieselbe Tradition? Auch die Moslems verehren die Gräber anerkannter Heiliger, und die Christen unternehmen anstrengende Pilgerreisen, nur um einigen Reliquien die Ehre zu erweisen. Man nimmt keine solchen Mühen auf sich, solange es keinen guten Grund dafür gibt.

Als Sri Ramana am Sterben lag, flehten ihn die Leute an, doch noch etwas länger bei ihnen zu bleiben, da sie seine Hilfe bräuchten. Seine Antwort ist wohlbekannt. „Wohin kann ich gehen? Ich werde immer hier sein."

Die Macht Sri Ramanas ist nach seinem physischen Tod nicht geringer geworden. Er ist überall, wie das Licht in einem Zimmer, das von einer Glühbirne ausgeht. Aber das Licht ist in der Nähe der Glühbirne, der Lichtquelle, viel kräftiger als in jedem anderen Teil des Zimmers, wenn auch nirgends Dunkelheit herrscht. Ist es dann ein Wunder, wenn die stärkste Macht unseres Gurus an dem Ort zu finden ist, wo sein Körper begraben liegt?

Es ist nicht nötig, dass ich einen Lehrsatz daraus mache, wenn ich auch aus persönlicher Erfahrung für die Wahrheit dessen bürgen kann, was ich sage. Ich bin damit zufrieden, mich auf die Worte der heiligen Schriften zu verlassen oder, wenn es Ihnen lieber ist, auf Ihre eigene Aussage, nachdem Sie den Ashram besucht und es für sich selbst herausgefunden haben."

Damit möchte ich die wenigen persönlichen Erinnerungen, die ich von meinem Guru habe, zum Abschluss bringen. Sie sind zweifelsohne unzulänglich, denn ich habe nie daran gedacht, etwas darüber zu schreiben. Doch meine Freunde haben mich dazu gedrängt und mir gesagt, es sei meine Pflicht, meine Erfahrungen mit Bhagavan niederzuschreiben. Als ich mich schließlich an die Arbeit machte, fand ich, dass es leichter war als erwartet. Ich hatte oft mit anderen über die verschiedenen Vorfälle, die hier aufgezeichnet sind, gesprochen und sie auf diese Weise in lebendiger Erinnerung behalten. Ich habe so selten wie möglich Namen genannt und nur dann, wenn der Kontext danach verlangt hat. Persönlichkeiten bedeuteten Bhagavan nichts.

Bhagavan war einmalig, denn eine selbstverwirklichte Seele ist äußerst selten und ist nur in großen Zeitabständen anzutreffen. In der Bhagavad Gita (VII, 3) sagt Sri Krishna: „Unter Tausenden strebt kaum ein einziger nach Vollkommenheit. Und von den erfolgreich Strebenden kennt mich kaum einer so, wie ich wirklich bin."

# Zeittafel zum Leben Ramana Maharshis

**30. Dez. 1879** Geburt in Tiruchuli als zweites von vier Kindern der Eltern Sundaram und Alagammal Iyer; Besuch der Grundschule in Tiruchuli

**1891** Besuch der Schule in Dindigul

**1892** Tod des Vaters Sundaram und Umzug nach Madurai in den Haushalt des Onkels Subba Iyer; Besuch der Scott's Middle School und der American Mission High School

**Nov. 1895** hört von einem Verwandten vom heiligen Berg A-runachala

**Mitte Juli 1896** Todeserlebnis, das ihn zur Selbstverwirklichung führt

**29. Aug. 1896** verlässt heimlich Madurai, um für immer in Ti-ruvannamalai, am heiligen Berg Arunachala zu bleiben

**1. Sept. 1896** Ankunft in Tiruvannamalai

**Sept. 1896 bis Febr. 1897** Aufenthalt in verschiedenen Bereichen des großen Arunachaleswara-Tempels (Tausendsäulen-Halle, Patala-Lingam, Schrein *Subrahmanyas*, Blumengarten, Lagerraum für die Prozessionswagen, Illupai-Baum). Dort lebt er in völliger Versunkenheit im Selbst

**Febr. 1897** verlässt den Tempelbezirk; wohnt in Gurumurtam am Stadtrand von Tiruvannamalai und später im nahe gelegenen Man-go-Hain

**Mai 1898** wird von seinem Onkel Nelliappa Iyer im Mango-Hain aufgespürt. Er will ihn nach Hause zurückholen.

**Spätsommer 1898** verlässt den Mango-Hain, wohnt für einen Monat in Arunagirinathar, für eine Woche in den Oberräumen der Tortürme des Arunachaleswara-Tempels und im Alari-Garten des Tempels

**Sept. 1898** geht nach Pavalakkunru

**Weihnachten 1898** Seine Mutter Alagammal und sein älterer Bruder Nagaswami besuchen ihn in Pavalakkunru und wollen ihn nach Hause holen. Doch Ramana bleibt.

**Febr. 1899** wohnt fortan in verschiedenen Höhlen auf dem Berg Arunachala. Die meiste Zeit verbringt er jedoch in der Virupaksha-Höhle und im Sommer in der Mangobaum-Höhle.

**1900-1902** beantwortet schriftlich die Fragen seiner ersten Schüler. Die Antworten werden von ihnen gesammelt und später als die ersten Werke Vichara Sangraham (Die Suche nach dem Selbst) und Nan Yar (Wer bin ich?) herausgebracht.

**1905** lebt während einer Pestepidemie für sechs Monate im Pachaiamman-Schrein im Außenbezirk von Tiruvannamalai, kehrt dann auf den Berg zurück

**18. Nov. 1907** Ganapati Munis bedeutende Begegnung mit Sri Ramana

**Jan. bis März 1908** mit Ganapati Muni und anderen im Pachaiamman-Schrein

**Nov. 1911** Frank H. Humphreys, der erste Devotee aus dem Westen, trifft Sri Ramana.

**1912** zweites Todeserlebnis am Tortoise-Felsen

**1913** Seine Mutter Alagammal besucht ihn in der Virupaksha-Höhle.

**1914** zweiter Besuch der Mutter in der Virupaksha-Höhle. Sie erkrankt und wird von Sri Ramana gepflegt. Die erste Hymne an Arunachala, Akshara Mana Malai (Die Hochzeitsgirlande), entsteht auf Drängen seiner Anhänger, die sich für ihre Bettelgänge in die Stadt ein von ihm komponiertes Lied wünschen. Weitere vier Hymnen an Arunachala entstehen.

**1916** Die Mutter zieht nach dem Tod ihres Schwagers zu Sri Ramana in die Virupaksha-Höhle. Kurz nach dem Einzug der Mutter siedelt Sri Ramana mit ihr und seinen Anhängern in den größeren Skandashram um. Die Mutter fängt an, regelmäßig zu kochen und einen geregelten Haushalt zu führen.

**1918** Sri Ramanas jüngerer Bruder Nagasundaram (Chinnaswami) zieht ebenfalls in den Skandashram.

**19. Mai 1922** Tod der Mutter. Sri Ramana legt ihr in der Todesstunde die Hände auf und verhilft ihr damit zur letzten Befreiung.

**Dez. 1922** Sri Ramana lässt sich beim Grab der Mutter am Fuße des Arunachala nieder. Ramanashram entsteht. Chinnaswami, der jüngere Bruder Ramanas, wird Ashram-Verwalter.

**1923-1929** Upadesa Manjari (Die spirituelle Unterweisung), Ulladu Narpadu (Die Wirklichkeit in 40 Versen) mit Supplement und Upadesa Saram (Die Unterweisung durch den Guru) entstehen.

**30er und 40er Jahre** verschiedene Übersetzungen in Tamil, Malayalam und Telugu aus bedeutenden Werken wie den Agamas, der Bhagavad-Gita und Shankaras Atma Bodha

**1935** Sadhu Arunachala (Alan Chadwick) kommt zu Sri Ramana und bleibt für immer bei ihm.

**1947** Arunachala Pancharatna (Fünf Edelsteine für Arunachala) entsteht in Sanskrit.

**1948** Die Kuh Lakshmi stirbt unter der Obhut von Sri Ramana und erlangt Befreiung.

**Febr. 1949** Das erste Geschwür am linken Ellbogen wird bemerkt und entfernt. Es wächst nach und stellt sich als bösartiger Tumor heraus. Innerhalb eines Jahres wird insgesamt viermal operiert. Keine der vielen Heilmethoden zeigt eine positive Wirkung

**März 1949** Einweihung des Tempels der Mutter

**14. Apr. 1950, 20.47 Uhr** Mahasamadhi (Tod) des Maharshi. Eine strahlende Sternschnuppe wird von vielen beobachtet, wie sie in der Minute seines Todes langsam den Himmel in Richtung des Berges Arunachala überquert und hinter ihm verschwindet.

**15. Apr. 1950, abends** Beerdigung des Maharshi

**Apr. 1962** Tod von Alan Chadwick

# Glossar

*Abhishekam* das zeremonielle Baden der Götterstatuen und Idole

*Advaita* „Nicht-Zwei", d. h das Absolute ist nicht zwei; Grundlehre des *Vedanta*

*Advaitin* Anhänger der Lehre des *Advaita*

*Atman* das Selbst; innerstes Prinzip der menschlichen Person

*Avatar* Gott, der die Gestalt eines Menschen angenommen hat, um der Welt zu helfen, z.b. Krishna

*Bhagavan* der Erhabene, der Heilige; als Anrede für den Guru gebräuchlich. In ihr drückt sich die besondere Verehrung des Schülers seinem Meister gegenüber aus. Sri Ramana hat diese Anrede weder selbst vorgeschlagen noch ihr je widersprochen.

*Bhakti* Haltung der Hingabe und Liebe Gott oder dem Guru gegenüber

*Brahman* Urgrund allen Seins, das unpersönliche Absolute, im *Advaita* mit dem *Atman*, dem Selbst, identisch.

*Brahmanishta* einer, der fest in *Brahman*, dem Selbst, gegründet ist

*Chakra* Energiepunkt im Yoga

*Darshan* Anblick, im Besonderen der gnadenreiche Blick, den der Meister seinem Schüler schenkt.

*Deepam* Deepam ist das große Lichtfest im November/Dezember, bei dem auf dem heiligen Berg Arunachala ein großes Feuer entzündet wird. Arunachala wird dabei als die Manifestation *Shivas* verehrt, der einst als Feuersäule erschienen ist.

*Hatha-Yoga* Praktiken, um die *Kundalini* zu höheren Bewusstseinsebenen aufsteigen zu lassen, v. a. körperliche Übungen

*Jayanti* Geburtstag Bhagavans

*Jnana-(Yoga)* Erkenntnis, Wissen; der Yoga der Erkenntnis

*Jnani* einer, der den Weg des *Jnana* gegangen ist und das Selbst verwirklicht hat

*Karma-(Yoga)* die Kette von Ursache und Wirkung; Yoga des hingebungsvollen Tuns

*Kundalini-(Yoga)* „Schlangenkraft", die spirituelle Kraft, die am unteren Ende der Wirbelsäule schläft und durch Yoga erweckt werden kann.

*Mahapuja* eine besondere *Puja*feier zum Jahrestag der Beerdigung der Mutter

*Maharshi* Großer Weiser; Titel, der Sri Ramana von seinem gelehrten Schüler Ganapati Muni verliehen wurde

*Maya* Als Nicht-Erkenntnis oder kosmische Illusion verschleiert *Maya* die Sicht des Menschen, sodass er nur die unbeständige Vielfalt sieht, nicht aber die eine wahre Wirklichkeit.

*Manolaya* Zustand ohne Körperbewusstsein und ohne Bewusstsein der Umwelt im *Nirvikalpa Samadhi*

*Moksha* die Befreiung

*Mouna* Schweigegelübde

*Mouni* einer, der ein Schweigegelübde abgelegt hat

*Nirvikalpa Samadhi* die Form von *Samadhi*, bei der das Selbst ohne jedes Körperbewusstsein und ohne Bewusstsein der Umgebung erfahren wird

*(Veda)Patasala* Vedaschule

*Paramatman* der höchste *Atman* (das Selbst), der mit *Brahman* identisch ist

*Prarabdha* die Folgen der Taten aus einer früheren Geburt, die sich in diesem Leben auswirken

*Prasad(am)* Speise, die einem Heiligen oder Gott dargebracht wird, der sie segnet und wieder an den Gläubigen zurückreicht

*Puja* Verehrung, Anbetung, besonders Gottesdienst im privaten Bereich oder im Tempel mit Opfer von Speisen, Blumen u. ä. für die Gottheit

*Sadhana* methodische geistliche Übung

*Sadhu* ein Gottgeweihter, ein Wandermönch, Asket und spirituell Suchender, der um seines geistigen Zieles willen auf Beruf und Familie verzichtet

*Sahaja Samadhi* Zustand dauerhafter Selbstverwirklichung, der „natürliche Zustand", die höchste Form von *Samadhi*

*Samadhi* Versenkung, höchster meditativer Zustand; auch Grab eines Heiligen

*Sannyasa* Entsagung, Verzicht

*Sannyasin* einer, der *Sannyasa* übt

*Sat* das absolute, ewige, unwandelbare Sein

*Satsang* Gemeinschaft mit dem Sein, Gemeinschaft mit einem Erleuchteten

*sattwisch* nach speziellen Regeln gekochtes Essen, das streng vegetarisch ist

*Savikalpa Samadhi* Zustand von *Samadhi*, in dem die Subjekt-Objekt-Beziehung noch nicht aufgelöst ist

*Shiva* Gott der Auflösung und Zerstörung, Gott der Askese

*Siddha* ein Vollkommener, der die endgültige Befreiung erlangt hat, auch ein halb göttliches Wesen von großer Reinheit und mit übernatürlichen Kräften

*Subramaniam* Sohn von *Shiva* und seiner Gemahlin Parvati

*Swami* Herr, Mönch, Gott

***Tantra-(Yoga)*** Yoga der Erweckung der göttlichen Energie und Schöpfungskraft

***Tapas*** Meditationsübung

***Upadesa*** Unterweisung durch den Guru

***Upanishaden*** bedeutende Schriften des *Vedanta*

***Vasanas*** latente Tendenzen, Vorlieben, Neigungen

***Veda, Veden*** Wissen, Offenbarung; vier Veden bilden die Grundlage der vedischen Religion

***Vedanta*** „Ende der *Veden*", oft als Synonym zu *Advaita* verwendet

# Literaturverzeichnis

Brunton, Paul: Von Yogis, Magiern und Fakiren : Begegnungen in Indien. – Freiburg i. Br., 1974

Ebert, Gabriele: Ramana Maharshi: Sein Leben. – 2. Aufl. – Norderstedt, 2011

Godman, David: Leben nach den Worten Sri Ramana Maharshis: Die spirituelle Biographie des Sri Annamalai Swami. – Interlaken, 1996

B.V. Narasimha Swami: Self Realization: Life and teachings of Ramana Maharshi. – 4th ed. – Tiruvannamalai, 2002

Ramana Maharshi: Geistige Unterweisung. – 2. Aufl. – Hammelburg, 1996

Ramana Maharshi: Gespräche des Weisen vom Berge Arunachala. – 2., verb. Aufl. – Interlaken, 1989

Ramana Maharshi: „Wer bin ich?": Der Übungsweg der Selbstergründung – 2. Aufl. – Norderstedt, 2009

Ramana Maharshi: Über das Selbst: 40 Verse. – 2. Aufl. – Hammelburg, 1996